民國歷史與文化研究

七 編

第8冊

日本近代篆刻發展的肇基
——清末民初中日篆刻交流的考察（下）

黃雅宜 著

花木蘭文化事業有限公司

國家圖書館出版品預行編目資料

日本近代篆刻發展的肇基——清末民初中日篆刻交流的考察（下）／黃雅宜 著—初版—新北市：花木蘭文化事業有限公司，2018〔民107〕
目 20+170 面；19×26 公分
（民國歷史與文化研究 七編；第 8 冊）
ISBN 978-986-485-261-1（精裝）
1. 篆刻 2. 國際交流
628.08　　107001284

ISBN-978-986-485-261-1

民國歷史與文化研究
七 編 第 八 冊　　ISBN：978-986-485-261-1

日本近代篆刻發展的肇基
——清末民初中日篆刻交流的考察（下）

作　　者　黃雅宜
總 編 輯　杜潔祥
副總編輯　楊嘉樂
編　　輯　許郁翎、王 筑　美術編輯　陳逸婷
出　　版　花木蘭文化事業有限公司
發 行 人　高小娟
聯絡地址　235 新北市中和區中安街七二號十三樓
　　　　　電話：02-2923-1455／傳真：02-2923-1452
網　　址　http://www.huamulan.tw　信箱　hml 810518@gmail.com
印　　刷　普羅文化出版廣告事業
初　　版　2018 年 3 月
全書字數　184746 字
定　　價　七編 8 冊（精裝）台幣 15,000 元

日本近代篆刻發展的肇基
——清末民初中日篆刻交流的考察（下）

黃雅宜 著

目次

圖　次

第六章　清末民初中日篆刻交流的時代意義與價值

中日間的的文化交流非常的豐富，在篆刻、金石上亦是有著相當久遠的歷史，但因為篇幅及資料收集上的範圍侷限，在這個章節中舉出幾項例子來分析討論，雖然舉出這幾個例子，並不能概括整體的中日篆刻、文化交流，但希望透過所蒐集到的資料，進一步的分析當時在中國與日本間的交流意義與所呈現的時代價值。

第一節　長尾雨山——致力中日雅集活動的交流

長尾雨山（1864～1942），本名甲，俗稱槙太郎、字子生、號石隱、雨山、無悶道人、睡道人。日本讚岐高松人。明治二十一年（1888 年，清光緒十四年）東京帝國大學文科大學古典讀習科漢書課畢業。明治三十二年（1899 年，清光緒十五年）為東京高等師範學校教授兼文部省圖書館，明治三十五年（1902 年，清光緒二十八年）辭官。在日本曾任，東京美術學校教員、東京高等師範學校教授、第五高等學校、學習院、東京帝國大學文科大學講師等職務。明治三十六年（1903 年，清光緒二十九年）舉家移居上海，擔任商務印書館的編輯顧問，指導教科書的編輯，在編輯部編輯教科書約十餘年。在當時與中國的文人鄭孝胥、吳昌碩等人有了交流，透過日人松崎鶴碓的介紹和吳昌碩所結識，吳昌碩對長尾雨山的人品、詩才等學識都非常欣賞。長尾雨山雖非學印之人，但和吳昌碩是亦師亦友的關係，是吳昌碩結交時間最長也最深的一位日本漢學者。長尾甲於大正 3 年（1914 年，民國三年）回到日本，居住在京都以翰墨白娛。創詩社名「偶社」，爲平安書道會副社長，日本美術協會評議員。早有詩名，學名七子風格。後受副島蒼海知遇之恩，出入唐宋諸家，書法雖入老境但不失秀麗，草書追求整體美，精篆刻，善鑑定，爲關西文壇重鎮。昭和十七年（1942年，民國三十一年）歿，葬於左京吉田神樂岡。遺著有：《古今詩變》、《儒學本論》、《何遠樓詩稿》、《楚辭講義》等多種未刊，另有《中國書畫論》、《天璞集》行世。

長尾甲專事中國漢學研究，兼通詩書畫印，在中國期間得與鄭孝胥、吳昌碩等交遊，曾與吳昌碩比鄰，過從甚密，因吳昌碩舉荐入西泠印社。其書法出入唐宋，間法元明。其作氣格在文徵明、祝允明之間，以文徵明之穩健和祝允明之爛漫。細品其運筆，得俊雅之氣，是因其能在大處著眼之故。既不一步一趨，斤斤於古人形質，又不以犧牲技巧爲代價宣洩性情。在不失去法度中，破門而出，在中日交流中爲相當有才華的一位日本書印家。

一、長尾雨山的書畫作品

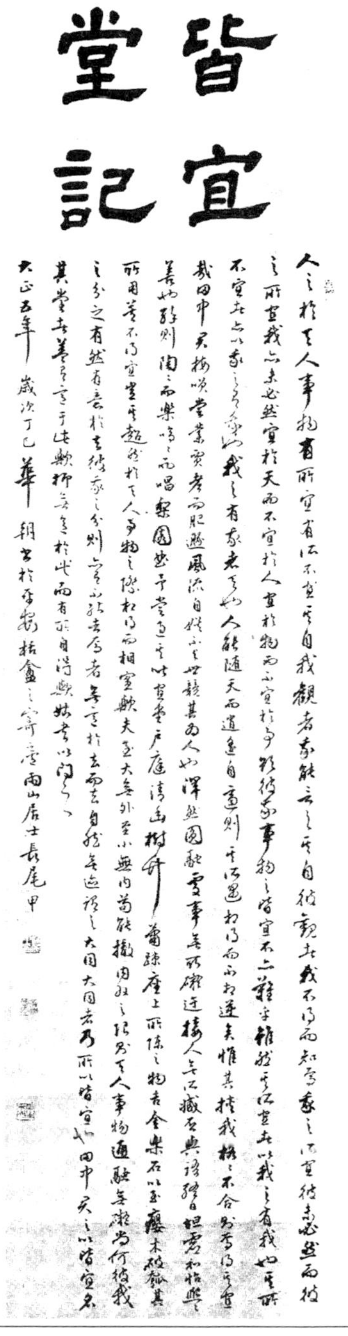

圖 6－1：長尾雨山作〈皆宜堂記〉，大正五年（1916 年，民國五年）

其所作〈皆宜堂記〉（圖6－1）四字，款跋云：

皆宜堂記。人之於天，人事物有所宜，有所不宜。其自我觀者，我能言之；其自彼觀者，我不得而知焉。我之所宜，彼未必然；而彼之所宜，我亦未必然。宜於天而不宜於人，宜於物而不宜於事，欲彼我事物之皆宜，不亦難乎！雖然，其所宜者，以我之有我也，其所不宜者，亦以我之有我也。我之有我者天也。人能隨天而逍遙自適，則其所遇相得而不相逆矣。惟其挾我格格不合，則焉得其宜哉。田中君梅咲嘗業賈，老而肥遯，風流自娛，不與世競；其爲人也，渾然円融，處事無所礙迕，接人無臧否，與語終日，坦虛和怡熙熙善也，醉則陶陶而樂，嗃嗃而唱梨園曲。予嘗過其皆宜堂，户庭清幽，樹竹蕭疎，座上所陳之物，吉金樂石，以至瓔木破瓢，其所用莫不得宜，豈其超然於天人事物之際，相得而相宜歟！夫至大無外，至小無内，苟能撤内外之限，則天人事物通融無礙，尚何彼我之分之有，然有意於去彼我之分，則亦有不能去焉者，無意於去而去，自然無迹，謂之大同。大同者乃所以皆宜也。田中君之以皆宜名其堂者，盖有意于此歟。抑無意於此而有所自得歟？姑書以問。大正五年歳次丁巳華朝，書於平安栝盦之寄廬，雨山居士長尾甲。

從這件長尾雨山所作的〈皆宜堂記〉是他五十二歲時的作品，款跋中，可以看出他對中國文學的造詣，用字優美、意境深遠，實可看出他對中國文學的深入研究，不只是書畫技巧方面的探討，更有中國文學的創作，在中日交流中，占有一席重要的地位。

圖 6－2：長尾雨山作〈水墨牡丹圖〉，大正八年（1919年，民國八年）	圖 6－3：長尾雨山作〈山園長物圖〉，大正十二

長尾雨山作〈水墨牡丹圖〉（圖 6－2），款識云：

春色婪尾。己未華朝，寫於漢磚齋，石隱。

長尾雨山作〈水墨牡丹圖〉為五十五歲時所作。

其所繪〈山園長物圖〉（圖 6－3）畫中題識云：

山園長物。吾園無一美卉，祇栽蘭竹果瓜，客至則摘以為供，肉食之徒所不知也。癸亥歲除前二日，石隱。

長尾雨山於大正十二年（1923 年，民國十二年）五十九歲時所繪的〈山園長物圖〉（圖 6－3），其作品構圖富有趣味，應為寫生的作品，將自己平時所容易看見的蔬果，創作成一件作品。他對於筆墨濃淡的運用恰到好處，更可以體會他喜愛中國書畫的心情是滲透在他的生活中的。

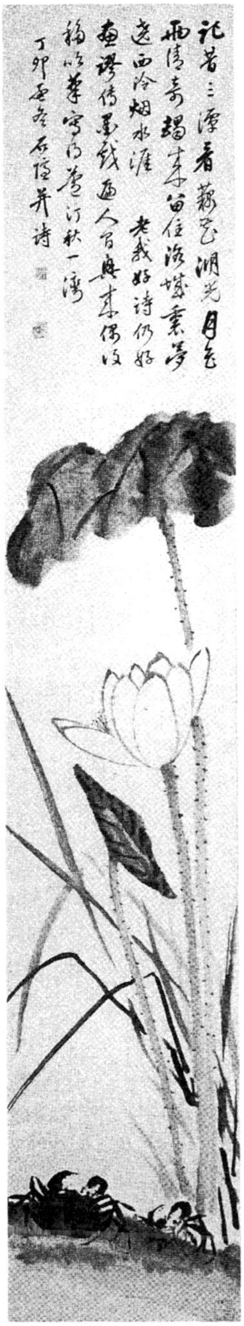

圖 6－4：長尾雨山作〈水墨荷蟹圖〉，昭和二年（1927 年，民國十六年）

圖 6－5：長尾雨山作〈墨竹圖〉，昭和八年（1933 年，民國二十二年）

長尾雨山所作〈水墨荷蟹圖〉(圖 6－4) 款記自作詩云：

記昔三潭看藕花，湖光月色兩清奇。

竭來留住洛城裏，夢遶西泠烟水涯。

老我好詩仍好畫，謬傳墨戲遍人間。

興來偶復移吟筆，寫得蘆汀秋一灣。丁卯孟冬，石隱并詩。

這件〈水墨荷蟹圖〉是他六十三歲時的作品，從這件款記上來看，長尾雨山提到「三潭」,「三潭」印月爲西湖八景之一，可見他到中國杭州時的記憶，依舊猶新。在這件長尾雨山所作的〈水墨荷蟹圖〉中，可以看見他的用筆及構圖深受中國水墨畫的影響。雖然是日本人但其對中國書畫的涵養，不雅於中國的書畫家。

長尾雨山作〈墨竹圖〉(圖 6－5)，款識云：

老竹葉疎枝似戈，猶能引月影婆娑。

孤竿自有高寒意，瀟灑風神不在多。

癸酉首夏，老石并題，年政七十。

長尾雨山作〈墨竹圖〉爲六十九歲所作。從長尾雨山的作品落款、題跋等可以看出，長尾甲的中國文學造詣，可見中國文化對於他的影響。

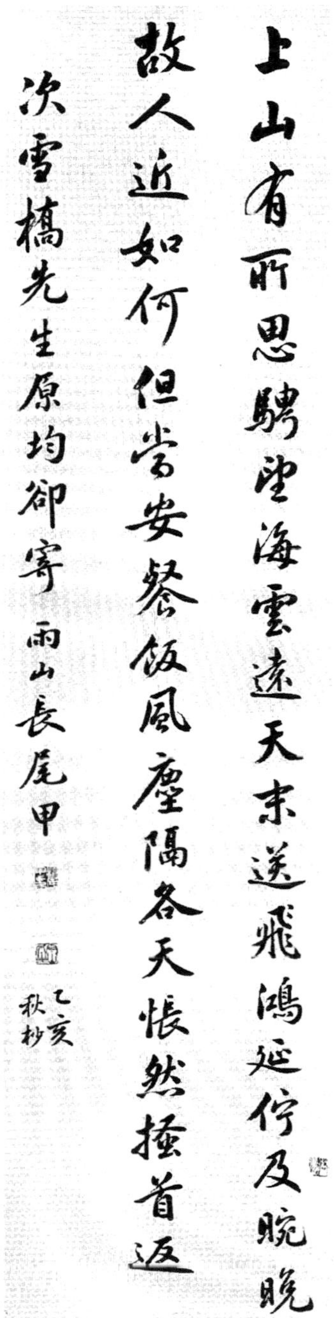
上山有所思騁望海雲遠天末送飛鴻延佇及晼晚
故人近如何但當安餐飯風塵隔各天悵然搔首返
次雪橋先生原均卻寄　雨山長尾甲
乙亥秋抄

圖 6－5：長尾雨山作〈次雪橋先生原均卻寄〉，昭和十年（1935 年，民國二十四年）

其所書〈次雪橋先生原均卻寄〉（圖 6－6）自作詩及款識爲：

上山有所思，騁望海雲遠。天末送飛鴻，延佇及晼晚。

故人近如何，但當安餐飯。風塵隔各天，悵然搔首返。

次雪橋先生原均卻寄。雨山長尾甲，乙亥秋杪。

而其所書〈次雪橋先生原均卻寄〉爲七十一歲時的作品。

二、長尾雨山與西泠印社

長尾雨山，與山本竟山年紀相仿，在光緒三十年（1904 年，日明治三十七年）中國西泠印社創社之初即和河井荃廬成爲海外日本社員，在中日篆刻交流的歷史上亦是一位重要的人物。

圖 6－7：長尾甲

此外他還和河井荃廬共同推舉吳昌碩爲西泠印社社長。大正三年（1914 年，民國三年）二月長尾雨山回到日本，居住在京都，任平安書道會副社長，舉辦壽蘇會、赤壁會等。他把中國西泠印社每年春、秋雅集的活動方式與風氣傳到日本。

「印泉」舊爲西泠印社界牆。清宣統三年（1911 年，日明治四十四年）久雨牆圮，掘地得泉。民國二年（1913 年，日大正二年）年經過疏浚挖深，以印名之。印社早期社員，日本長尾甲先生題寫「印泉」二字，勒於崖壁。

圖 6－8：印泉爲長尾雨山所題

圖 6－9：印泉

圖 6－10：日本長尾甲（左四）同友人在印泉留影。

圖 6－11：大正八年（1919 年，民國八年）河井仙郎、長尾甲等在日本京都爲羅振玉送別合影。

三、長尾雨山與中國篆人

（一）吳昌碩與長尾雨山

研究學者陳永怡曾論到長尾雨山與吳昌碩的一段交往：〔註1〕

> 吳昌碩與長尾甲等日本朋友友善，他們大都在「六三園」相聚。吳昌碩逝世的時候，僑居上海的日本人爲他開追悼會，他的靈前恭敬致祭，當作美術界莫大損失。本國人方面反而不覺得甚麼，除了畫商抬高價錢之外，沒有甚麼表示。

從這段簡短的談論中，可以感受出當時日本對於吳昌碩的喜愛。

大正三年（1914 年，民國三年）第一次世界大戰爆發以後，長尾雨山就離開中國回到日本，吳昌碩並作了〈山水圖〉、〈墨梅圖〉〔註2〕贈送給他。長尾雨山在中國居住數十年，與吳昌碩的感情非常的深厚，直至吳昌碩晚年都還不忘長尾甲這位知己。

長尾甲歸國之後，兩人間仍唱酬不綴。大正五年（1916 年，民國五年），吳昌碩在信中談到：

> 自先生返棹後，而詩興一沮。相別年餘，余之精神益形衰落。

另外在《缶廬詩翰》一書中，收有民國五年（1916 年，大正五年）的元宵日以及同年十月二十六日至少兩封的吳昌碩寄贈雨山的詩文、書信的影印，據信封可知是托友永霞峰捎帶去的。雨山於大正九年（1920 年，民國九年）三月，將吳昌碩所贈之詩及書信裝幀成冊，並親自題簽、題字、題詞於封面的和卷首，以示珍愛，並寶藏了起來。通過這些書翰，可以了解吳昌碩和雨山之間的交往關係以及晚年吳昌碩（年七十三）的心境、生活等，都不失爲極其珍貴的資料。

〔註 1〕陳永怡：《近代書畫市場與風格遷變：以上海爲中心（1843～1948 年）》，第 144 頁，2007 年 4 月第一版，光明日報出版社。

〔註 2〕書論編輯室：《書論　第三十號——特集　西泠印社》，第 154 頁，1998 年 4 月 30 日發行，京都，書論研究會。

圖 6－12：缶廬詩翰之一信封

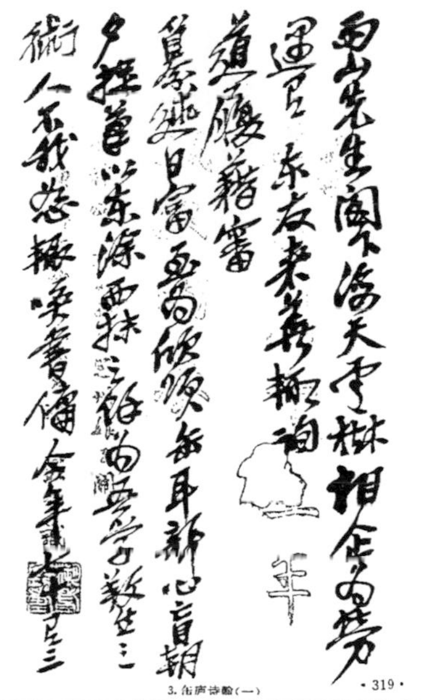

圖 6－13：缶廬詩翰之二

缶廬詩翰云：（圖 6－12）、（圖 6－13）

敬求霞翁面交長尾雨山先生台鑒，丙辰元宵吳昌碩手托

雨山先生閣下，海天雲樹，相企爲勞，遇有東友來華，輒詢道屢，藉審纂述日富，至爲欣頌。缶耳聾心盲，朝夕捉筆，以東塗西抹之餘，爲吾學□生之術，人不我恕，輒喚書傭。今年七十有三眼花如霧，腳軟如綿……

信中吳昌碩對自己「眼花如霧，腳軟如綿」發出了衰老的嘆息，並回憶了當年曾與長尾雨山一同參加在上海著名餐館六三園之雅會的往事。

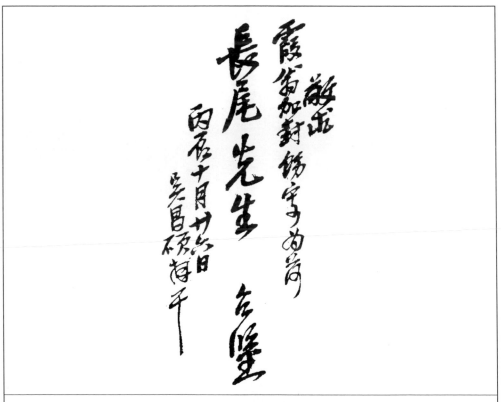

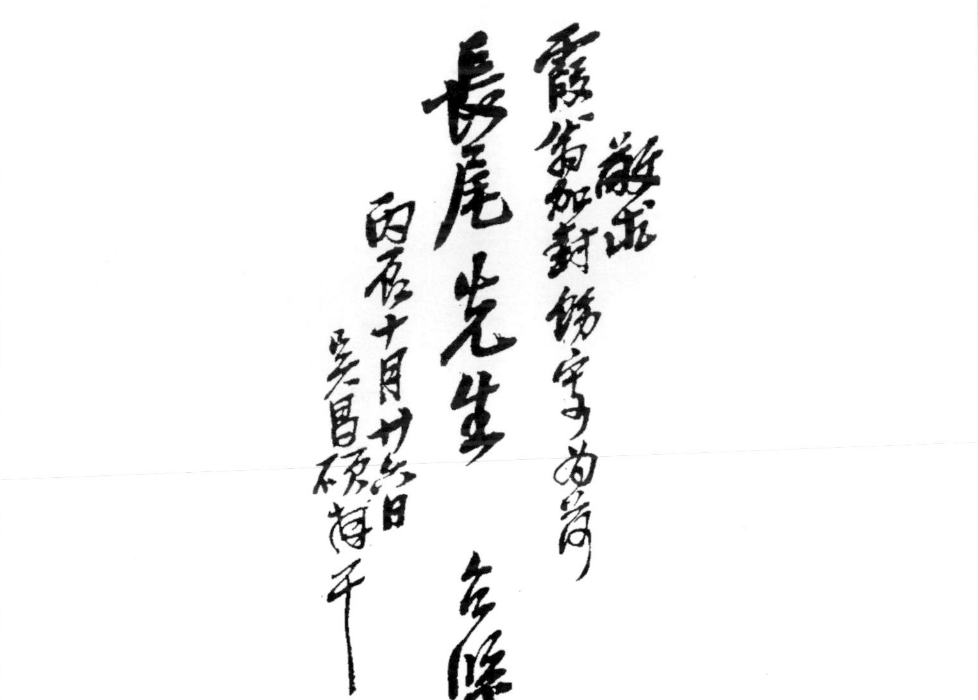

圖 6－14：缶廬詩翰之三

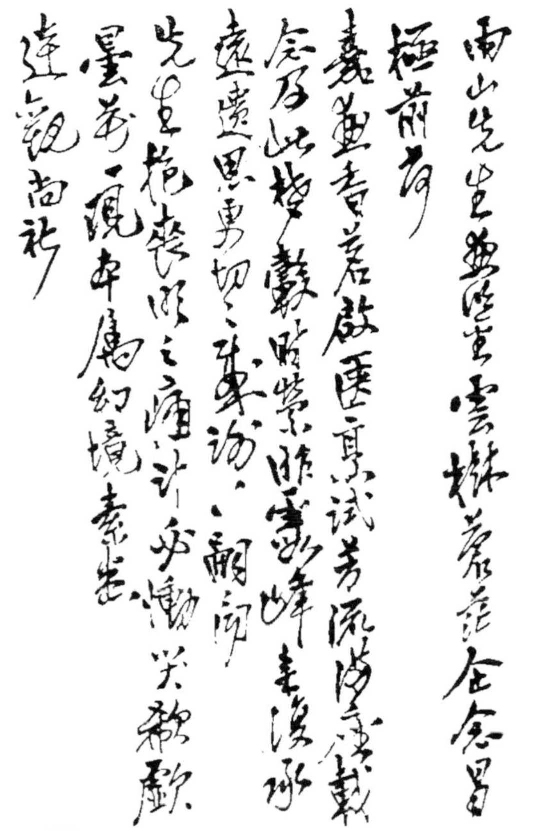
雨山先生慧鑒雲樹蒼茫企念曷
極前荷
嘉惠香茗启匧烹試芳流滿座載
念及此夢穀時縈昨霞峰來復承
遠遺思更切切感謝感謝嗣聞
先生抱喪明之痛計必慟哭欷歔
曇花一現本屬幻境素悉
達觀尚祈

圖 6－15：缶廬詩翰之四

缶廬詩翰之三、四云：（圖 6－14）、（圖 6－15）

> 敬求霞翁加封飭爲荷，長尾先生台鑒。丙辰十月廿六日。吳昌碩拜耳
>
> 雨山先生慧鑒，雲樹蒼茫，企念曷極，前荷嘉惠香茗，启匧烹試，芳流滿座，載念及此，夢穀時縈。昨霞峰來，復承遠遺，思更切切，感謝感謝。嗣聞先生抱喪明之痛，計必慟哭欷歔，曇花一現，本屬幻境素悉達觀，尚祈爲文字自珍，似無庸缶之遠慰。讀報章，謬以缶之淫雨人海二詩，傳播通衢，評譽揄揚，爲國遺民，愧恧萬分，先生不以護其短，而揚其醜，更令缶慚顏無地矣。……

文中稱與雨山分別自己精神也愈加衰弱，並且希望明年春天遊訪日本，與雨山「短檠談藝，孜孜三晝夜」，期待著與雨山在日本相逢的心情，益於字裡行間。非常遺憾的是，吳昌碩的這一願望，最終也未能實現。此信文如詩，讀來給人以美的感受。

作爲中國文人的吳昌碩，其生前的名聲在日本也很大，希望得到他的書畫的日本人也非常之多。因此大阪的高島屋服店美術部在大正十一年（1922年，民國十一年）春和大正十五年（1926 年，民國十五年）十一月，舉辦過兩次吳昌碩書畫展。其中長尾雨山爲展覽圖錄所寫的序言如（圖 6－16）、（圖 6－17）、（圖 6－18）、（圖 6－19），錄其全文如下：

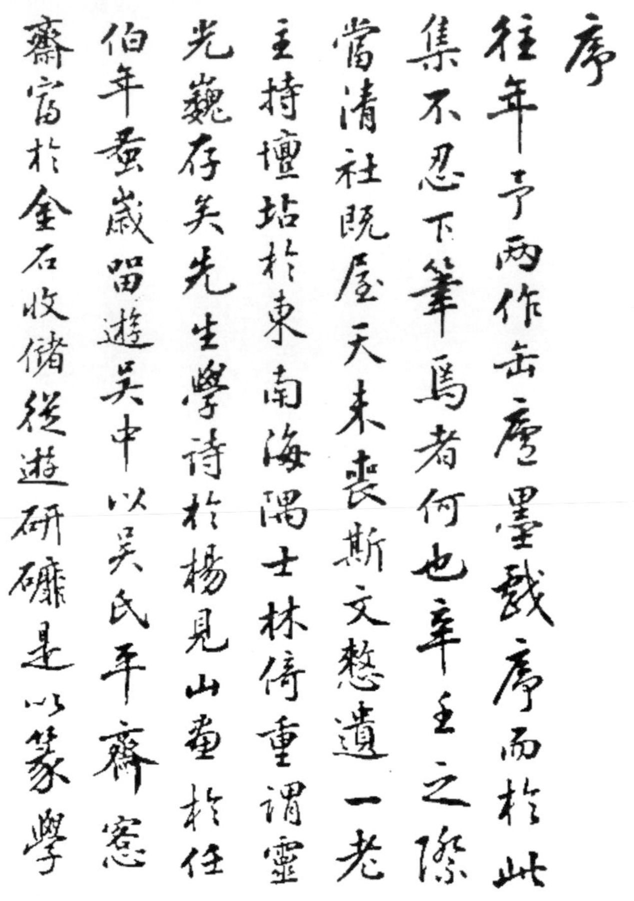
序
往年予兩作缶廬墨戲序而於此
集不忍下筆焉者何也辛壬之際
當清社既屋天末喪斯文憖遺一老
主持壇坫於東南海隅士林倚重謂靈
光巋存矣先生學詩於楊見山畫於任
伯年蚤歲留遊吳中以吳氏平齋愙
齋富於金石收儲從遊研礦是以篆學

圖 6－16：長尾雨山《缶廬遺墨集敘》之一

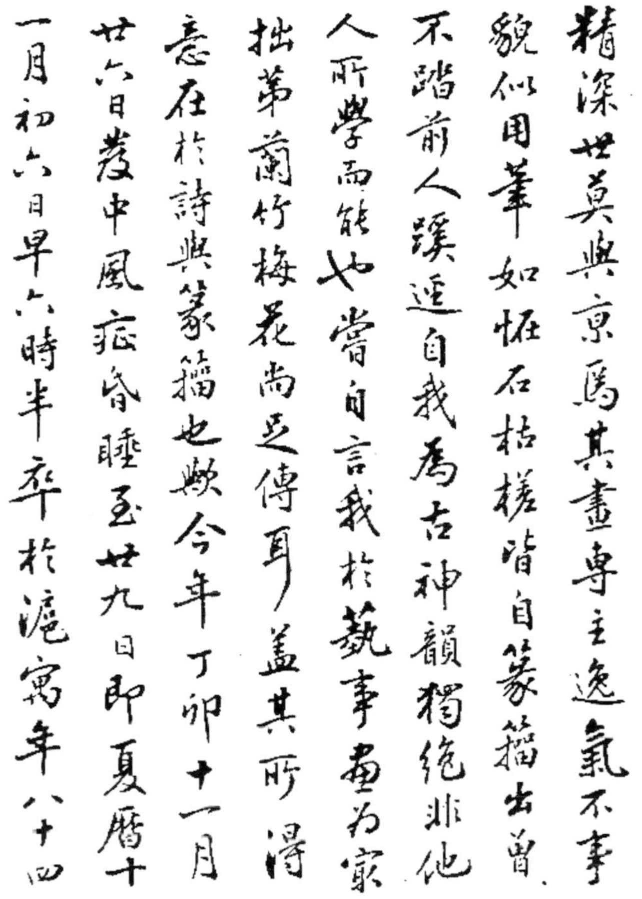
精深世莫與京焉其畫專主逸氣不事
貌似用筆如怪石枯槎皆自篆籀出曾
不踏前人蹊逕自我為古神韻獨絕非他
人所學而能也嘗自言我於藝事畫為家
拙第蘭竹梅花尚足傳耳蓋其所得
意在於詩與篆籀也歟今年丁卯十一月
廿六日發中風症昏睡至廿九日即夏曆十
一月初六日早六時半卒於滬寓年八十四

圖 6－17：長尾雨山《缶盧遺墨集敘》之二

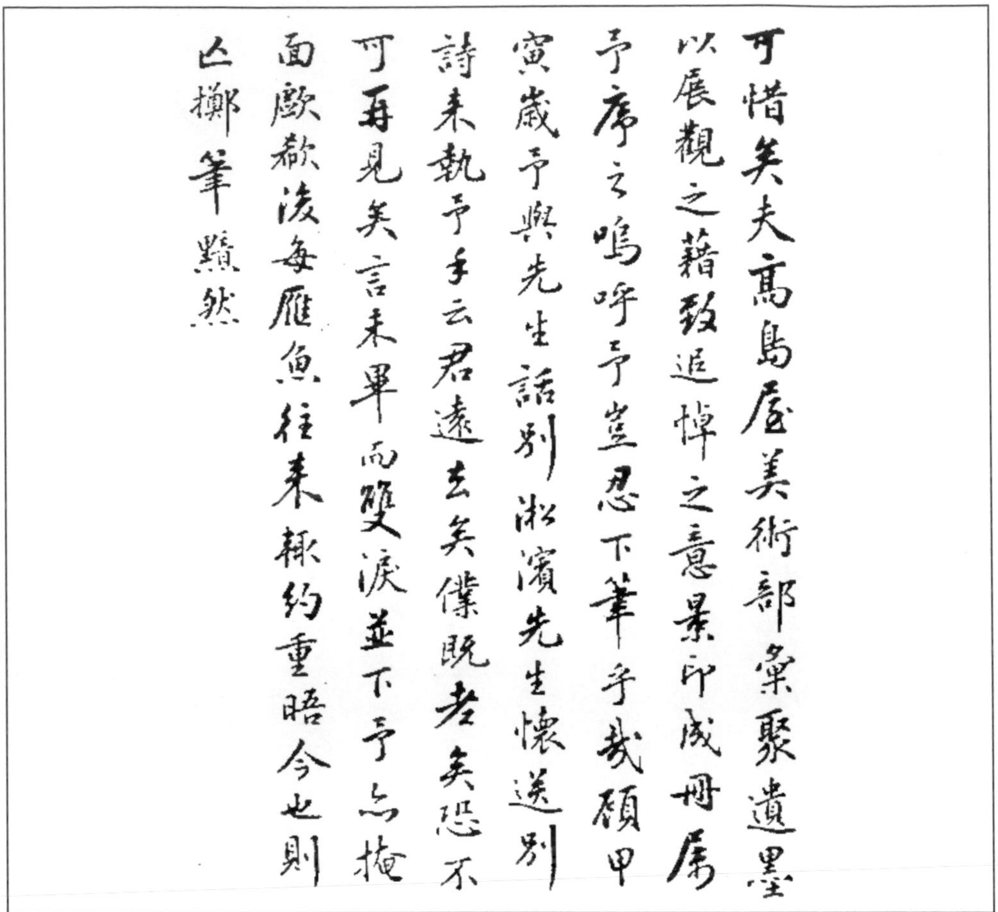
可惜矣夫高島屋美術部彙聚遺墨以展覯之藉致追悼之意景印成冊屬予序之嗚呼予豈忍下筆乎哉顧甲寅歲予與先生話別淞濱先生懷送別詩來執予手云君遠去矣僕既老矣恐不可再見矣言未畢而雙淚並下予亦掩面歔欷後每雁魚往來輒約重晤今也則亡擲筆黯然

圖 6－18：長尾雨山《缶廬遺墨集敘》之三

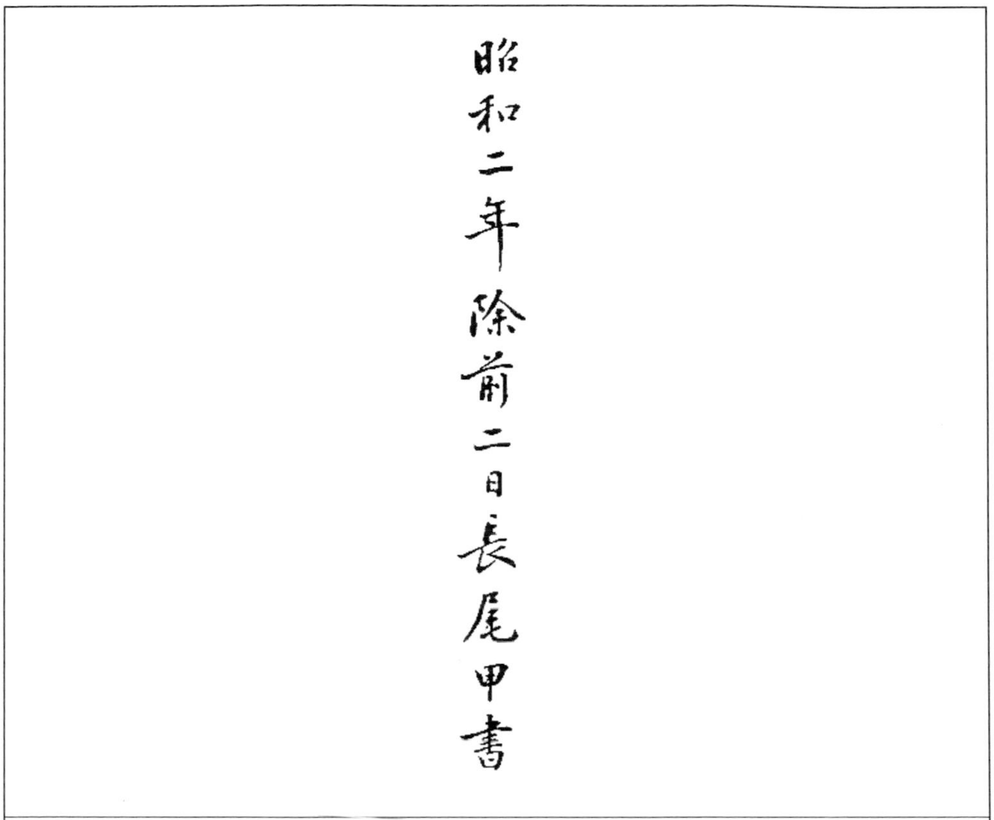

圖 6－19：長尾雨山《缶盧遺墨集敘》之四

長尾雨山《缶盧遺墨集敘》〔註 3〕云：（圖 6－16）、（圖 6－17）、（圖 6－18）、（圖 6－19）

序

往年予兩作缶盧墨戲序，而於此集，不忍下筆焉者何也。辛壬之際，當清社既屋，天未喪斯文，憖遺一老，主持坛坫於東南海隅，士林倚重，謂靈光巍存矣。先生學詩於楊見山，畫於任伯年，蚤歲留遊吳中，以吳氏平齋窗齋，富於金石收儲，從遊研□，是以篆字精深，世莫與京焉。其畫專主逸氣，不事貌似，用筆如怪石枯槎，皆自篆籀出，曾不踏前人蹊徑，自我爲古。神韵獨絕，非他人所學而能也。學自言：我於藝事，畫爲最拙，第蘭、竹、梅花尚足傳耳。蓋其所得意，在於詩與篆籀也歟。

〔註 3〕吳昌碩：《缶盧遺墨集》，1927 年出版。

今年丁卯十一月廿六日，發中風症，昏睡，至廿九日即夏曆十一月初六日早六時半，卒於滬寓，年八十四，可惜矣。夫高島屋美術部匯聚遺墨，以展觀之，藉致追悼之意。景印成冊，屬予序之。嗚呼予豈忍下筆乎哉。

顧甲寅歲，予與先生話別淞濱，先生懷送別詩束，執予手云：「君遠去矣，仆概老矣，恐不可再見矣。」言未華而雙泪并下。予亦掩面覷欷，後每雁水魚往來，輒約重晤，今也則亡，擲筆黯然。

昭和二年除前二日，長尾甲書。

在序文的末尾，雨山回憶自己歸國之前，吳昌碩曾懷揣送別詩，前來與雨山告別，執手落淚，依依難捨的情形宛如目前，雨山對這位巨匠所寄於的深沉追慕之情，讀來實在令人感動不已。

雨山這一生中，還有不少的風雅韻事，尤其是在他歸國後不但組織了壽蘇會和赤壁會的活動，而且還參與由內藤湖南、狩野君山、小川如舟三博士結成的樂群社的文人雅集活動等等，此類的韻事不勝枚舉。他定居京都後，所交者皆爲與山有著共同趣好的風流雅士。

民國十年（1921 年，日大正十年）前後，吳昌碩曾送給長尾雨山墨梅、墨荷、山水卷、石鼓文條幅、橫額等數十件作品，在此交誼之間，長尾雨山也經常往返滬、杭之間，他還在西泠印社孤山上的岩壁之間題寫「印泉」隸書二字。在印社同人間長尾雨山有「扶桑名士」之稱謂。吳昌碩篆書〈無悶〉的題跋中寫到：

雨山先生慕宋蘇軾之爲人，所爲詩亦如之

意造不學東坡狂

大致是與長尾雨山的「名士」意義相同的。

（二）吳昌碩所刻長尾雨山用印

長尾雨山與吳昌碩間的交往初略，在本節的一開始已經說明，以下蒐集了有關吳昌碩所刻之長尾甲用印，以及雨山對於吳昌碩的喜愛，於日本所出版的書籍。

以下幾方印作爲吳昌碩替長尾雨山所刻的姓名或字號章，可見當時吳昌碩與雨山之間的情誼。

圖 6－20：吳昌碩作〈甲印〉邊款釋文：「長尾先生索刻，昌碩。」	圖 6－21：吳昌碩作〈長尾甲印〉

圖 6－22：吳昌碩作〈石隱〉	圖 6－23：吳昌碩作〈長尾甲印〉

圖 6－24：吳昌碩作〈石隱〉	圖 6－25：吳昌碩作〈雨山居士寶之〉

圖 6－26：吳昌碩作〈長尾甲印〉	圖 6－27：吳昌碩作〈石隱〉	圖 6－28：吳昌碩作〈雨山居士〉

（三）長尾雨山與錢瘦鐵的交往

對於民國初年中日書畫家的交流買賣情形，研究學者陳永怡曾提及：

> 20 世紀二三十年代，日本人對中國書畫的熱情依然不減。錢瘦鐵、陳師曾等都是日人喜愛的畫家。日本人很欣賞錢瘦鐵的畫藝。一經譽揚，在滬日人都很仰慕，一再爲他開書畫展，如鹿叟的「六三園」，飯島政男的翰墨林，都陳列了他的山水和花卉，博得很高的評價。橋本關雪在日本，又爲錢瘦鐵宣傳，造成他東渡的有利條件。所以他每次前往，總是滿載而歸。錢瘦鐵在日本因放走郭沫若而入獄。錢瘦鐵的畫名，反引起一般日本人愛好中國畫的崇仰心，紛紛請他作畫，甚至法官也有請他作畫的。他又擅刻印，求刻者紛至達來，索以潤資收入，出於意外，獄中生活不算太苦。他出獄即返國。有一天，他接到一封日本人寄給他的信，信中附有一當票，這人說明愛好他的畫，可是囊中無錢，向質鋪當了衣服才買到一幅，作爲珍藏，這當票無非表示敬慕和愛好。因此，錢瘦鐵東渡日本，博得讚譽，離不開橋本關雪的引荐。……〔註 4〕

〔註 4〕陳永怡：《近代書畫市場與風格遷變：以上海爲中心（1843～1948 年）》，第 144 頁，2007 年 4 月第一版，光明日報出版社。

在杉村邦彥的〈在上海尋找長尾雨山先生的足跡〉〔註 5〕中可看見，長尾雨山在回國後仍和住在上海的錢瘦鐵〔註 6〕（1897～1967）有往來。同時，錢瘦鐵也是與日本關係密切交往的名家。以下是瘦鐵印存，題跋爲長尾雨山題詩。

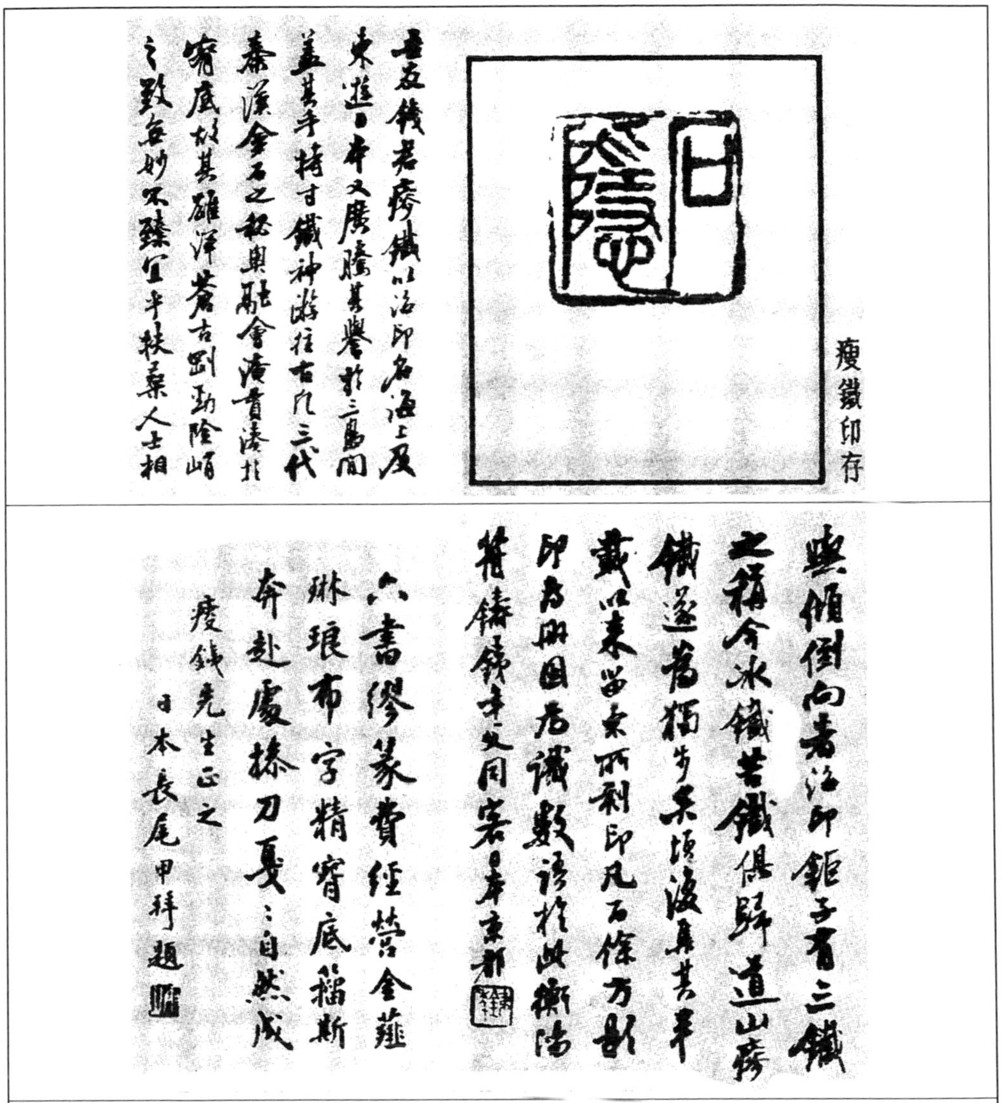

圖 6－29：《瘦鐵印存》

〔註 5〕杉村邦彥：〈在上海尋找長尾雨山先生的足跡〉，《「孤山證印」西泠印社國際印學峰會論文集》，第 453～454 頁，2005 年 10 月第一版，杭州，西泠印社出版。

〔註 6〕吳中三鐵：錢瘦鐵、吳昌碩（苦鐵）、王大炘（冰鐵）。

《瘦鐵印存》（圖 6－29）中所刊二段跋文，云：

吾友錢君瘦鐵以治印名海上，及東遊日本，又廣騰其譽於三島間，蓋其手持寸鐵神游往古，凡三代秦漢金石之秘奧，融會淹貫湊於腕底，故其雄渾蒼古剛勁險峭之致無妙不臻，宜乎扶桑人士相與傾倒。向者治印鉅子有三鐵之稱，今冰鐵、苦鐵俱歸道山，瘦鐵遂爲獨步矣。頃復集其半載以來留東所刻印，凡百餘方影印爲册，因爲識數語於此。衡陽符鑄鐵年父同客日本京都。

六書繆篆費經營，金薤琳琅布字精。腕底籀斯奔赴處，操刀戛戛自然成。瘦鐵先生正之，日本長尾甲拜題。

錢瘦鐵〔註 7〕，出身農家，家貧失學，童年入蘇州漢貞閣碑帖鋪學徒，他天賦高，悟性也好，金石書畫，一學即能，吳門畫家俞語霜〔註 8〕納爲弟子，繼而問道於鄭文焯〔註 9〕、吳昌碩，藝事日進，中外矚目。治印與老輩吳苦鐵、王大炘，共稱「吳中三鐵「以晚輩身分而與師長平坐交椅，足見其成就之不凡。錢瘦鐵的書法，上追漢魏，不拘於點畫而重意味情趣，字裡行間，朴茂簡漫，古意盎然。他的篆刻，在彈丸之地分朱布白，隨意自在，觸處成春，用刀因勢生法，如漁人蕩槳，浪翻濤湧，亦顯出坦達雄強的氣度。

熟後返生，談何容易，學藝未入門者以能熟爲貴，學藝入門者又以能生澀爲貴。由生到熟，靠功力。功夫到家，生自然會變熟，而熟中返生，是單靠功力不成的，他需要藝術家既不迷戀古人的成就，也不留戀自我已得的成果，勇於撇開習慣的思路和技法，作絞盡腦汁的新的探求。他需要藝術家有

〔註 7〕錢瘦鐵（1897～1967 年），名厓，又字叔厓，江蘇無錫人。

〔註 8〕俞原，字語霜，號女林山尼。浙江吳興人。工畫，能詩，山水出於八大石濤間，花卉人物，亦極奇峭。客游京師，傾動一時。

〔註 9〕鄭文焯（1856～1918 年），字俊臣，號小坡，又號叔問，別號瘦碧，大鶴山人。奉天鐵嶺（今屬遼寧）人。原籍山東高密，遠祖鄭康成，九世祖鄭國安於清初有戰功，屬漢軍正黃旗，父鄭瑛棨任陝西巡撫。文焯生於清文宗咸豐六年（1856 年），光緒乙亥（1875 年）舉人。官內閣中書，旅居蘇州。博學多才，精詞學，詞集有《瘦碧》、《冷紅》、《比竹餘音》、《苕雅余集》，與樊樊山、朱祖謀、況周頤稱清季「四大詞宗」；又精於音律。康有爲稱其書法：「道逸深古，妙美沖和，奄有北碑之長，取其高深而去其獷野。」清亡後，移居上海，精醫學，行醫於漢口路福利公棧，著《千金方輯古經方疏證》八卷、《婦人嬰兒方義》兩卷。與朱祖謀唱和，1918 年卒於吳門（蘇州）。1918 年春葬於光福鄧尉。吳昌綬收集其作品合刊爲《大鶴山房全集》。

成敗不計、貶褒不計，不討好取悅他人，作藝事上的我行我素。所以，鐵老作品裡那股強烈的「生」意，是值得敬慕和讚嘆的。

（四）壽蘇會

二十世紀初，日本的東坡迷舉行了五次「壽蘇會」。大正三年十二月，長尾雨山從上海歸國後，先與友人富岡桃華共同舉辦，後又自己單獨舉辦，共計五回「壽蘇會」。這是爲了紀念蘇東坡誕辰日（農曆十二月十九日）的慶祝活動。這五次的時間分別爲大正五年（1916 年，民國五年）一月二十三日、大正六年（1917 年，民國六年）一月十二日、大正七年（1918 年，民國七年）一月三十一日、大正九年（1920 年，民國九年）以及昭和十二年（1937 年，民國二十六年）。前三回地點均在圓山公園的佐阿彌舉辦。而羅振玉不僅在此這三次的會中出展了蘇東坡關係書畫碑帖等名品，而且還親自攜其子羅福萇出席此會，當然內藤湖南也每次都出席了壽蘇會。

長尾甲在中國時，常與中國的文人舉行壽蘇宴會。回國後，繼續保留了他與中國文人的傳統活動，發起了日本的壽蘇會。日本壽蘇會以京都、大阪爲中心，匯聚了各地著名的文人雅客。該會由長尾雨山於大正四年（1915 年，民國四年）開始爲主，前兩屆與富岡謙藏合爲，後由自己單獨舉辦。富岡謙藏是文人畫家富岡鐵齋之子，其父與長尾甲同爲日本近代「東坡癖」的典型代表人物之一。其因生日與蘇東坡同爲十二月十九日，故其生平最愛用的印章爲「東坡同生日」、「東坡癖」等印，平生作畫亦多取與東坡相關的題材。當時在日本京都旅居的羅振玉及其子羅福萇就出席過乙卯（大正四年）以及後來丙辰（大正五年）、丁巳（大正六年）這三年的壽蘇會，王國維也曾出席過乙卯壽蘇會。

參與壽蘇會多是有名的學者，如羅振玉（1866～1940）、王國維（1877～1927）、狩野直喜（1868～1947）及內藤湖南（1866～1934）等人，聚會期間出席者各帶自作的詩文前來，如《壽蘇集》中久保雅友的云：

> 蓮燭籠榮花倚風，閑詩興獄困其窮。
>
> 卻從海外有知己，千古風流壽長公。

簡易淺白的文句，說明壽蘇會當時的風行。此外，吳昌碩就曾賦詩讚許長尾雨山主辦壽蘇會：

> 尾星明歷歷，刮目海之東。發欲晞皋羽，眉誰介長公。
>
> 深杯酬故國，同壽坐天風。持逸殷勤意，超過夕陽中。

雖然吳昌碩不在日本，但也還是參與了日本的壽蘇會，據史料記載，在大正九年（1920 年，民國九年），第四屆「壽蘇會」時，吳昌碩、吳藏堪父子贈詩，王一亭贈畫，西泠印社四君子之首丁輔之則贈〈蘇文公笠屐像硯拓本〉以賀，以及在《西泠印社百年史料長編》中記載，長尾雨山在昭和十二年（1937 年，民國二十六年），日本京都舉行第五屆的「壽蘇會」上，與會者均得贈長尾雨山編的《壽蘇集》。

> 昭和丙子，一月三十一日，即農曆十二月十九日，蘇軾誕辰九百周年紀念日，在京都岡崎的「鶴家」舉行壽蘇會。會上向一般與會者贈送長尾甲編《壽蘇集》〔註 10〕

可見當時中國與日本在書法文化上的交往。前四次的壽蘇會皆由長尾雨山編成《壽蘇錄》〔註 11〕，分別是《乙卯壽蘇錄》（1916）、《丙辰壽蘇錄》（1917）、《丁巳壽蘇錄》（1918）、《己未壽蘇錄》（1920），這四冊不公開售價，只給參加者。在「壽蘇會」中每次聚會，與會者也都帶來相當多的珍品陳列會場，以及展示。

（五）赤壁會

日本的「赤壁會」，起因為日本人非常欣賞蘇軾的〈赤壁賦〉，在十八世紀的日本就曾風行過，例如：辛島盐井（1754～1839）、賴杏坪（1756～1834）、萬波俊忠（1762～1843）等人，都曾做過詩頌揚〈赤壁賦〉。除文學外，不少畫家也仿照〈赤壁賦〉的意境入畫。而長尾雨山，他就正是個蘇軾迷，由「長尾雨山在京都舉辦『赤壁會』」〔註 12〕可見於大正十一年（1922 年，民國十一年）9 月 7 日，即農曆的 7 月 16 日舉辦紀念蘇東坡作〈赤壁賦〉八百四十年的第十四次壬戌歲的盛大「赤壁會」，而地點在京都的東南宇治曾，此次盛會集結了內藤湖南〔註 13〕、狩野君山等名流，且在中國有書畫家專程坐船赴京都參與，當時展示眾多名畫、名蹟等，無不凝聚著長尾雨山的興趣與喜好。

〔註 10〕西泠印社：《西泠印社百年史料長編》，第 288 頁，2003 年 10 月第一版。

〔註 11〕西泠印社：〈日本京都舉行的「壽蘇會」上，與會者得贈長尾雨山編《壽蘇集》〉，《西泠印社百年史料長編》，第 288 頁，2003 年 10 月第一版。

〔註 12〕西泠印社：〈長尾雨山在京都舉辦「赤壁會」〉，《西泠印社百年史料長編》，第 181 頁，2003 年 10 月第一版。

〔註 13〕內藤湖南（1866 年 8 月 27 日～1934 年 6 月 26 日），日本歷史學家。生於日本秋田縣鹿角郡毛馬內（現為鹿角市）。本名虎次郎，字炳卿，號湖南。別號憶人居主、湖南鷗侶、彫蟲生悶悶先生。

由此壽蘇會及赤壁會的舉辦以及在日本國內興盛的程度，可知日本對於中國的文人、文學，及在書法上的重視可見一般，而日本長尾雨山以及吳昌碩藉由此活動的來往互動，也可看出當時中日兩方的交往情形。

（六）蘭亭紀念會

長尾雨山在日本參與的有名盛會除了「壽蘇會」、「赤壁會」以外，另外一個也很重要的就是中日之間所舉辦的「蘭亭會」，從〈中日舉行「蘭亭紀念會」【文獻資料引證】〉〔註 14〕中可看見：

《「蘭亭紀念會」史實考察記錄》節錄：

> 民國二年即大正二年（1913），日本東京與京都都舉辦了規模隆重的「蘭亭紀念會」。是年正逢王羲之撰寫蘭亭序的第二十六個癸丑。日本的「蘭亭紀念會」是由東京的日下部鳴鶴、中林梧竹和京都的內藤湖南發起，在關東、關西都舉辦了規模盛大的展覽會和紀念活動。而在中國則由西泠印社出面，於相同時間舉辦了「蘭亭紀念會」。據記載，當時與會有百人之多，當時在華的日本長尾甲、高瀨惺軒等六人友參與此會，中國方面石隱、曹蘅史等人，人數雖近百人，而出席者卻未編出名錄。

大正二年（1913 年，民國二年）癸丑之歲四月，以內藤湖南爲首的二十八人倡議發起在京都南禪寺天授盦和京都府立圖書館舉辦蘭亭紀念會。據說其中的《蘭亭會緣起及章程》亦爲內藤湖南起草。這次雅會發起人名中未見羅振玉之名，但從當日的展觀目錄來看，會中展示品中有羅氏出展的《遊丞相舊藏宋拓定武蘭亭序》、《南宋拓聖教序》等藏品，內藤湖南可能是邀請了羅振玉參加此會的。

當時在日本方面，東京舉辦了七日，京都舉辦了九日，西泠印社舉辦九日，從「蘭亭紀念會」中可以看出當時中國的西泠印社和日本交往得非常密切，同時舉辦的盛事，也可看出中國與日本印人、書人之間交往的情況。以下又爲當時所拍下的紀念照（圖）與河井荃廬撰文、長尾甲所寫的說明文。

〔註 14〕西泠印社：《西泠印社百年史料長編》，第 105 頁，2003 年 10 月第一版。

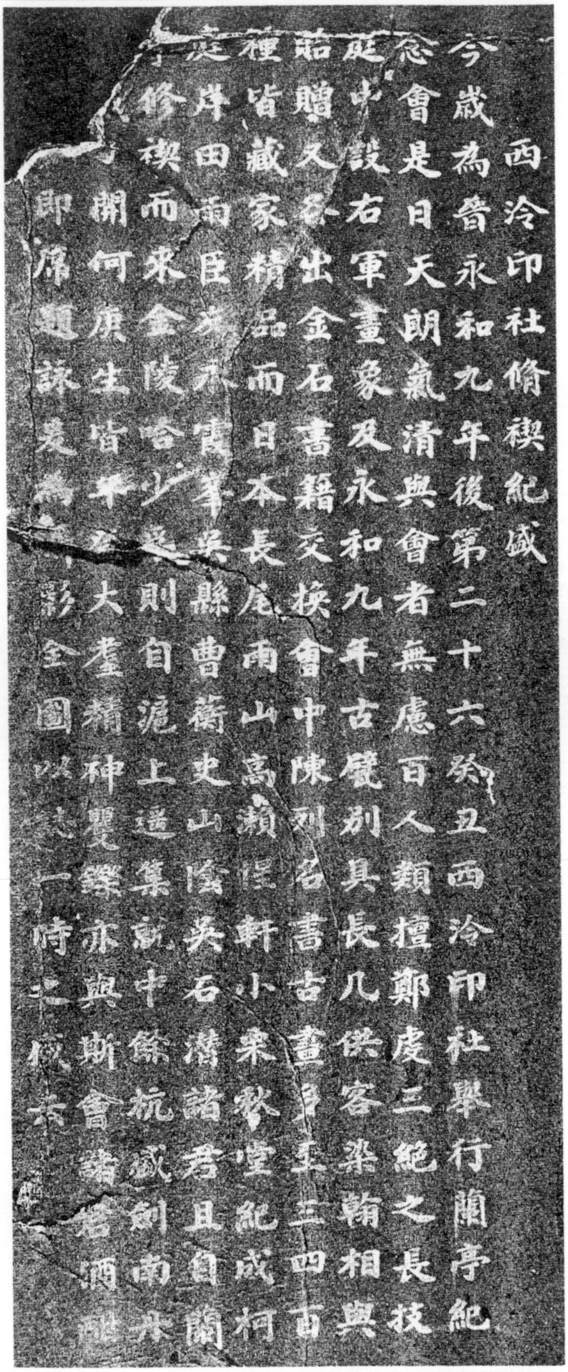
西泠印社脩禊紀盛
今歲為晉永和九年後第二十六癸丑西泠印社舉行蘭亭紀
念會是日天朗氣清與會者無慮百人類擅鄭虔三絕之長技
庭中設右軍畫象及永和九年古甓別具長几供客染翰相與
品題又各出金石書籍交換會中陳列名書古畫多至三四百
種皆藏家精品而日本長尾雨山高瀨惺軒小栗秋堂紀成柯

圖 6－30：〈蘭亭修契紀盛〉

〈蘭亭修契紀盛〉（圖 6－30），爲民國二年（1913 年，日大正二年）西泠印社主辦蘭亭會紀念照片（圖 6－31）。

〈蘭亭修契紀盛〉（圖 6－30）釋文：

> 西泠印社修禊紀盛，今歲爲晉永和九年後第二十六癸丑，西泠印社舉行蘭亭紀念會，是日天朝氣清，與會者無慮百人，類擅鄭虔三絕之長技，庭中設右軍畫像及永和九年古甓，別具長几，供客染翰，相與貽贈，又各出金石書籍交換，會中陳列名書古畫，多至三四百種，皆藏家精品，而日本長尾雨山、高瀨惺軒、小栗秋堂、紀成柯庭、岸田雨臣、友永霞峯、吳縣曹蘅史、山陰吳石潛諸君、且自蘭亭修禊而來，金陵哈少孚則自滬上遙集，就中餘杭盛劍南，丹徒□開，何庚生皆年登大耋，精神矍鑠，亦與斯會，諸君酒酣□□□，即席題詠，爰爲攝影全圖，以誌一時之盛云。

圖 6－31：蘭亭會紀念照片

大正二年，長尾雨山於上海曹家渡的小蘭亭舉辦時所拍下的紀念照（圖 6－23），後排中央著洋裝的爲長尾甲。

圖 6－32：〈上海小蘭亭的紀念照〉

〈上海小蘭亭的紀念照〉（圖 6－32）爲上海小蘭亭的紀念照，右一開始爲長尾雨山、徐星州、何熙伯、倪墨畊。

圖 6－33：〈流觴亭〉

〈流觴亭〉（圖 6－33），爲大正二年（1913 年，民國二年），長尾雨山等人於蘭亭紀念會訪問時，在流觴亭所拍下的照片。

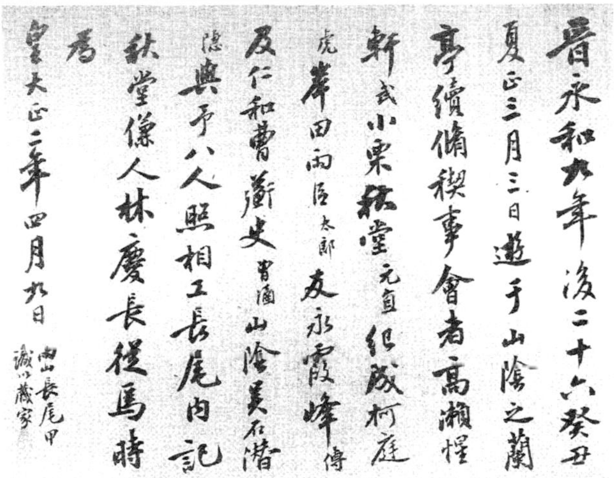

晉永和九年後二十六癸丑
夏正三月三日遊于山陰之蘭
亭續脩禊事會者高瀨惺
軒武小栗秋堂元直組成柯庭
虎岸田雨臣太郎友永霞峰傳
及仁和曹衡史曹涵山陰吳石潛
隱與予八人照相工長尾內記
秋堂像人林慶長從馬時
爲
皇大正二年四月九日　南山長尾甲識以藏家

圖 6－34

與〈蘭亭修契紀盛〉(圖 6－30),時間相同,長尾甲當於西泠印社主辦的蘭亭紀念會時所寫的說明(圖 6－34)。其內容如下:

晋永和九年後二十六癸丑夏正三月三日,遊于山陰之蘭亭續修禊事會者,高瀨惺軒(武)、小栗秋堂(元直)、紀成柯庭(虎)、岸田雨臣(太郎)、友永霞峰(傳),及仁和曹蘅史(曾涵)、山陰吳石潛(隱),與予八人,照相工長尾內記、秋堂傔人、林慶長從焉。時爲皇大正二年四月九日,雨山長尾甲識以藏家。

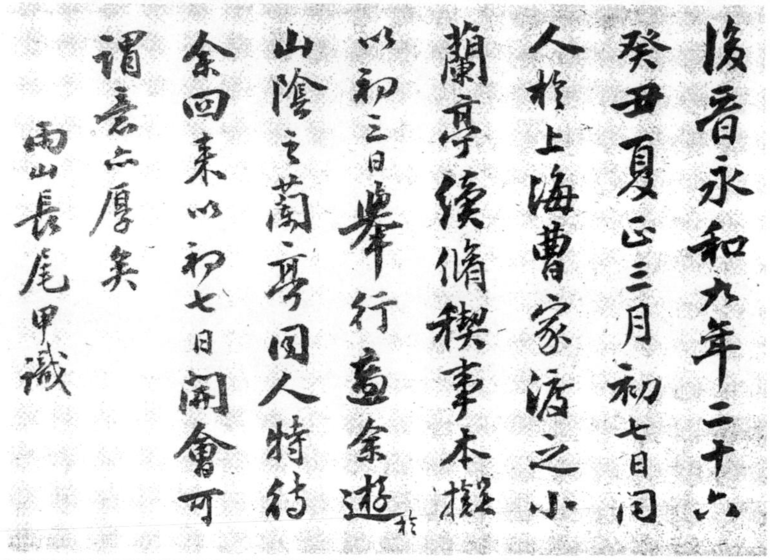

後晋永和九年二十六
癸丑夏正三月初七日同
人於上海曹家渡之小
蘭亭續脩禊事本擬
以初三日舉行適余遊於
山陰之蘭亭同人特待
余回來以初七日開會可
謂意亦厚矣
雨山長尾甲識

圖 6－35

長尾雨山當時於上海曹家渡的小蘭亭紀念會的說明文(圖 6－35)。

後晉永和九年二十六癸丑夏正三月初七日,同人於上海曹家渡之小蘭亭續修禊事,本擬以初三日舉行,適余遊於山陰之蘭亭,同人特待余回來,以初七日開會,可謂意亦厚矣。雨山長尾甲識。

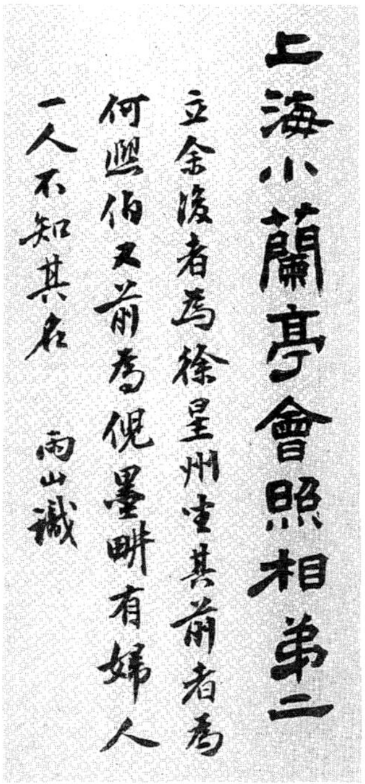

圖 6－36

長尾甲所爲〈上海小蘭亭的紀念照〉（圖 6－32），所書寫的介紹文（圖 6－36）。

如下：

> 上海小蘭亭會照相弟二。
>
> 立余後者爲徐星州，坐其前者爲何熙伯，又前爲倪墨畊，有婦人一人不知其名。雨山識

資料已彙集，可見當時交流的盛況，在當時資訊、交通並不如現在普及的情況下，這群喜愛中國金石書畫的書家們齊聚一堂，共同討論交流，並留下寶貴的資料與圖片。

在民國前後，這一個中日書法交流高潮的時代，以這樣的背景去看「大正癸丑蘭亭會」，則我們自不會覺得突兀。這可說是一種水到渠成。人員交往、合作、各種專門的會，本身已構成一個相當緊密的網絡。「蘭亭會」的舉辦，並非是不約而同的偶然。或許正是因爲日本書家通過長尾雨山、高瀨惺軒這樣的在華書家像中國書家傳遞了一種意象，希望同時以「癸丑蘭

亭雅集」的活動進行交流，於是才會有這四月七日的活動。自此同時，似乎未聞中國書家自己有什麼關於蘭亭方面的舉動。大正二年（1913 年，民國二年）中國書法界的一大事，即是西泠印社在十年籌備後的正式宣告成立，並有大會慶典和展覽。吳昌碩即是在此時被推爲西泠印社的初代社長。毫無疑問的，在這一系列活動中，日本書法家是主動者，而中國書法界卻顯出相對的稍稍遲鈍與麻木，但我們不能因此責怪書法家。辛亥革命（1911～1912 年）後馬上即是軍閥混戰與政局動盪，在這一時期人們自顧不暇，只能有限地進行雅集活動。而日本書法家則不同，一則是明治爲新已有幾十年歷史，社會型態已經穩定，再則是書法界中故有的對中國書法母體的敬仰，其中當然包括對整個中國文化、以及對遺老們那精湛的學問修養的仰慕，因此必然地採取主動的立場，又加之聯絡傳遞的渠道十分暢通，有那麼多在華的日本文人作爲橋梁，於是「蘭亭會」成爲日本書法近代史上的一件大事，就是十分容易理解的了。

「蘭亭會」只是一個範例。楊守敬追悼會、「壽蘇會」、「赤壁會」，無不是這樣的範例。他體現出日本文化人對中國古典文化那種由衷仰慕的心情。但因爲事涉中日兩國書法文化，因此作爲特定的活動方式，它又必然成爲近代中日書法交流史上不可或缺的重要史跡而引起注目。

《支那遊記》一書是了解當時中國情況的重要資料，在《支那遊記》〔註15〕中大正二年（1914 年，民國二年）四月五日星期六，惺軒自題爲「蘭亭行」一部分的刊載介紹在《書論》中云：

> 午後六時，久未見面的雨山長尾愼太郎來訪，對我說：「後天從上海出發，訪王羲之的山陰蘭亭遺跡，併效右軍故事，在陰曆三月三日訂於蘭亭修禊飲吟。同行者有住在上海的支那人七八名及日本人七八名，皆爲頗懷雅趣之人。你是否也一道同去？」聽了之後，我喜出望外，認爲這是個好機會，於是馬上約好同行。雨山還說：「此行還可以往返的途中順便遊訪杭州、紹興等名勝古蹟」云云。

接著《遊記》中以「蘭亭行」爲題的部分，將以述於後。關於「蘭亭行」的篇名，岸田雨臣亦有同樣的篇名文章，但比起此篇來，在具體詳細方面則遠遠不如。現就以本篇有關西泠印社主辦的蘭亭紀念會爲重點介紹如下：

〔註15〕杉村邦彥：〈有關長尾雨山的研究資料及其韻事若干〉，《印學論談》，第308頁，1993年10月，浙江省新華書店發行。

蘭亭行

我此次的蘭亭行，實爲出乎預料的幸運。長尾雨山君從去年始即爲此籌措計畫，邀請同好，實花費不少心力。聽說在日本京都，文人雅士也商議著欲在四月十二、三兩日舉辦蘭亭會，並托雨山拓取王羲之神位牌，並汲取曲水送往京都。我四月三日到上海，只隔三天，就獲得了一同前往蘭亭及西湖遊訪的機會。

再見四月十日條，即他們一行遊完蘭亭，在歸途中舟遊西湖後，訪問西泠印社的記述：

少許，我們一行遊訪西泠印社，該社位處於孤山。聽說明日在此即將舉辦蘭亭會，文人雅士，群聚於此，追仰王羲之的遺風。因我們一行也要參加此會，故而來到了西湖的西岸。印社裡，以高掛著王羲之右軍的遺像，並設立了祭壇，別室裡亦陳列好書畫等，以供參觀。

根據這段文字可以知道他們一行是於四月十日走訪西泠印社，並提前拜見了已經準備完畢的蘭亭紀念會會場情形。接著再看看四月十一日條：

天氣澄佳。（中略）十一半轉回孤山，來到西泠印社之蘭亭會。到會者約四、五十名，皆杭州知名文人雅客。席上人們揮毫賦詩，觀覽書畫，並相互交換紀念品，攝影留念等，實爲一次盛會。在西湖孤山的蘭亭會結束前的時候，我與曹曾涵提前出來，赴天竺靈隱寺參觀。（中略）。天色漸暗，時至八時半回到西湖孤山西泠印社。蘭亭會的諸君等我們回來後，便一道出席了慶賀晚宴。

以上是高瀨惺軒的《蘭亭行》裡所能見到的，西泠印社蘭亭紀念會的有關記述。

（七）吳昌碩與朝倉文夫

在這些雅集活動中，另外還有一項中日藝術交流之事，值得特別介紹的，就是日本雕塑家朝倉文夫所製作給吳昌碩的塑像，雖然朝倉文夫並不是篆刻家，但是與吳昌碩之間的交流，以及吳昌碩所書寫給朝倉文夫的書信，在中日交流裡也是一項值得提到的。

朝倉文夫（1883～1964），爲明治至昭和期間的雕塑家，號紅壕，被稱爲「東方的羅丹」。

大正九年（1920年，民國九年）至大正十年（1921年，民國十年）六月間，吳昌碩曾寄〈老松圖〉與〈節臨石鼓文〉送給朝倉文夫，朝倉文夫則於大正十年爲吳昌碩范鑄銅質半身像兩尊。一尊放在日本，另一尊請人不遠千里運來中國，贈給吳昌碩，但昌老非常謙遜地不欲私置於其家，認爲安放在藝術交流場所較爲妥貼，就轉贈給西泠印社。由昌老的藝友丁仁、吳石潛兩位先生把銅像運到杭州，放在西泠印社內，築龕加以保護……後來又在半身銅像下配成石驅，完成了一個整體。石驅作迦趺坐狀，髮髻斜簪，形神維肖。昌老在銅像背部題上銘言：「非昌黎詩，詠木居士。非裴岑碑，呼石人子。鑄吾以金而吾非范蠡，敢問彼都之賢士大夫用心何以？辛酉八月，昌碩戲題，年七十八。」吳昌碩收到銅像後，當即致信朝倉文夫，以示感謝。

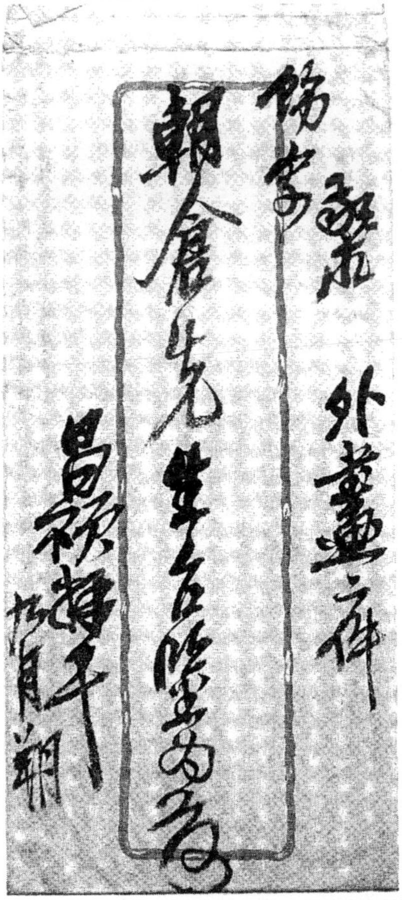

圖6－37：吳昌碩寄給朝倉文夫的信封

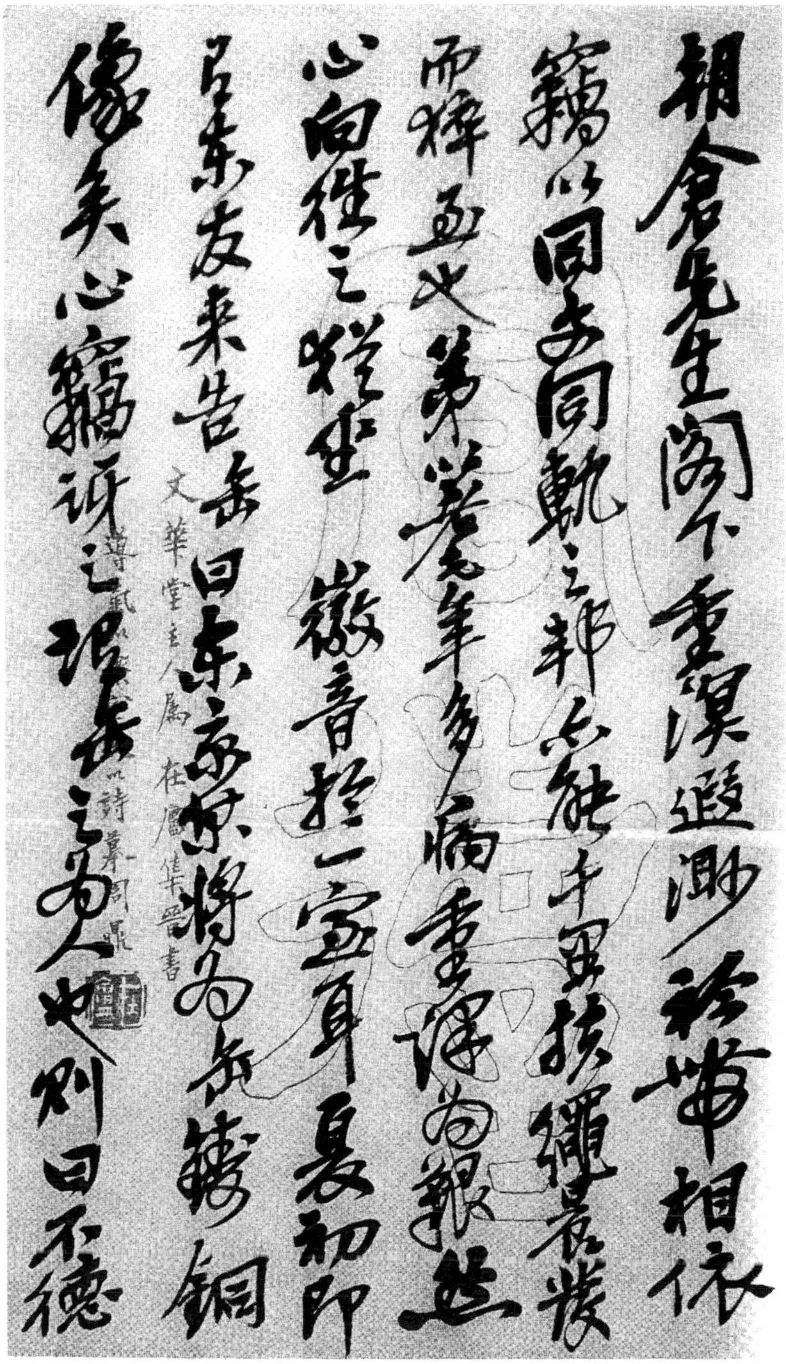

圖 6－38：〈吳昌碩寄給文夫的書信之一〉

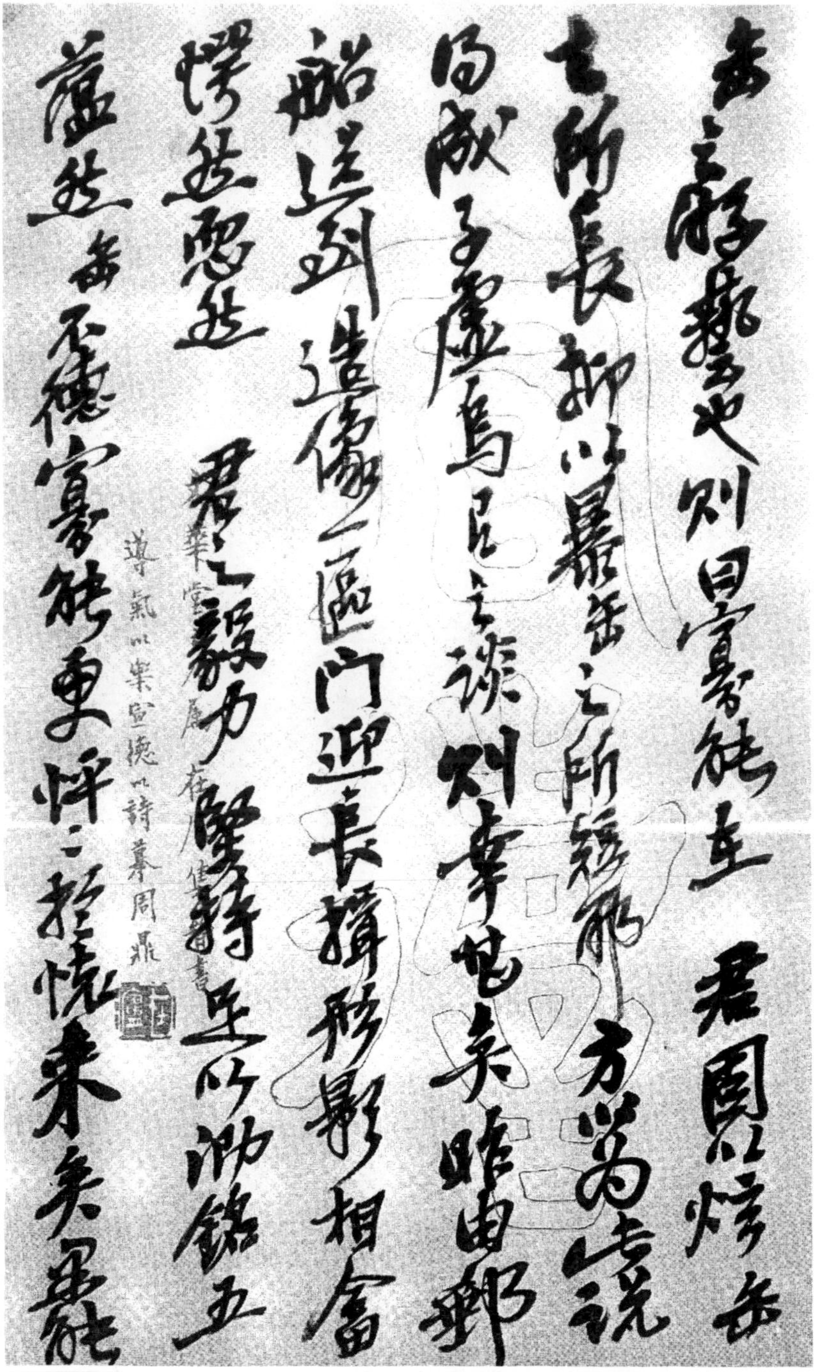

圖 6－39：〈吳昌碩寄給文夫的書信之二〉

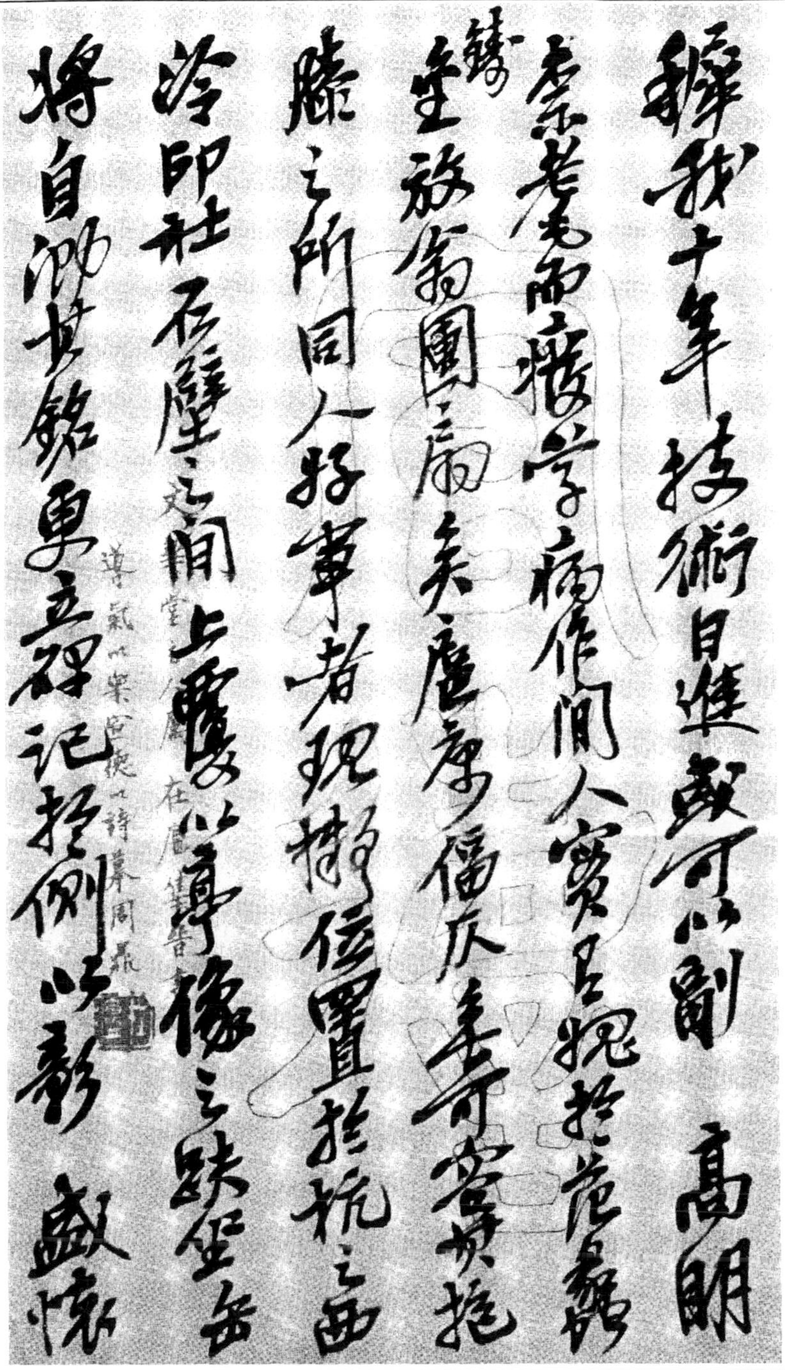

圖 6－40：〈吳昌碩寄給文夫的書信之三〉

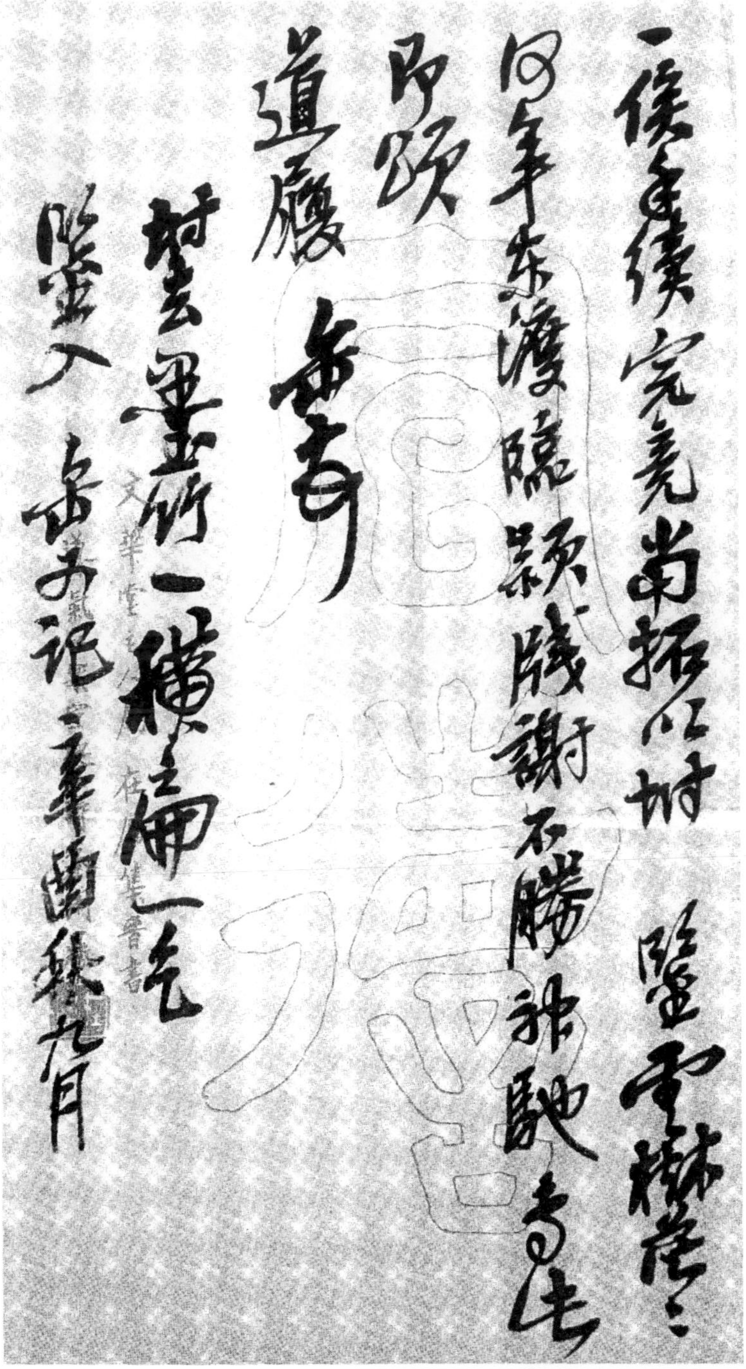

圖 6－41：〈吳昌碩寄給文夫的書信之四〉

吳昌碩寄給文夫的書信（圖 6－37）、（圖 6－38）、（圖 6－39）、（圖 6－40）、（圖 6－41）云：

朝倉先生閣下：

重溟遐渺，衿帶相依，竊以同文同軌之邦，亦能千里扶繩、晨發而猝至也。第以耄年多病，重課爲艱，然心向往之，猶坐徽音於一室耳。夏初即有東友來告缶曰：東京某將爲缶鑄銅像矣。心竊訝之！謂缶之爲人也則曰不德，缶之游藝也則曰寡能，在君固以炫缶之所長，抑以暴缶之所短耶！方以爲此說得成子虛烏有之談則幸甚矣！昨由郵船送到造像一區，門迎長揖，形影相畣、愕然恧然！君之毅力堅持，足以泐銘五蘊，然缶不德寡能，更怦怦於懷來矣！果能稺我十年，技術日進，或可以副高明，奈耄而廢學，病作閒人，實有媿於范蠡鑄金放翁團扇矣！滬寓偪仄，無可容其抱膝之所，同人好事者現擬位置於杭之西泠印社石壁之間，上覆以亭。像之趺坐，缶將自泐其銘，更立碑記於側，以彰盛懷。一俟手續完竟，當拓以坿鑒。雲樹茫茫，何年東渡？臨穎牋謝，不勝神馳！專此即頌道履，缶頓首。坿去墨竹一、橫扁一乞鑒入。缶又記，辛酉秋九月。

隨同此信，他又寄了兩件畫作〈竹石圖〉和〈神在箇中〉。本來，這兩人的交往就此可告一段落了，但是，這尊銅像在「文革」中的不幸遭遇又引出了一段曲折動人的故事，於是印社首任社長與日本雕碩家在二十年代的交往一直延續到了六十年以後。

因此尊銅像毀於「文革」，事爲昭和五十四年（1979 年，民國六十八年）來訪的小林與三次先生得知，倍感痛惜。他回國後遂尋訪朝倉文夫先生的高足西常雄（因朝倉先生已經故去）爲吳昌碩先生另塑銅像一尊。昭和五十五年（1980 年，民國六十九年），小林與三次先生率領由青山杉雨、村上三島等人組成的「吳昌碩胸像贈呈訪中團」專程去杭州舉行銅像捐贈儀式。其實，接待他們的印社印長已經是吳昌碩先生的門弟子沙孟海先生了。

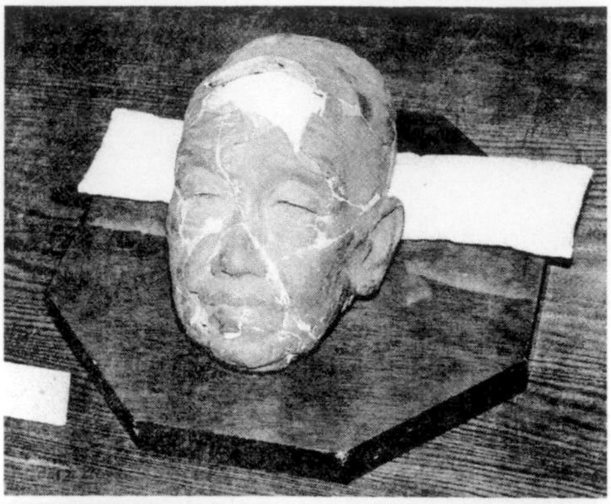

圖 6－42：〈吳昌碩像〉

〈吳昌碩像〉（圖 6－42），上爲朝倉文夫製作的吳昌碩像原型、下爲吳昌碩像完成的照片。現藏於朝倉雕碩館。

圖 6－43：西常雄氏作吳昌碩像

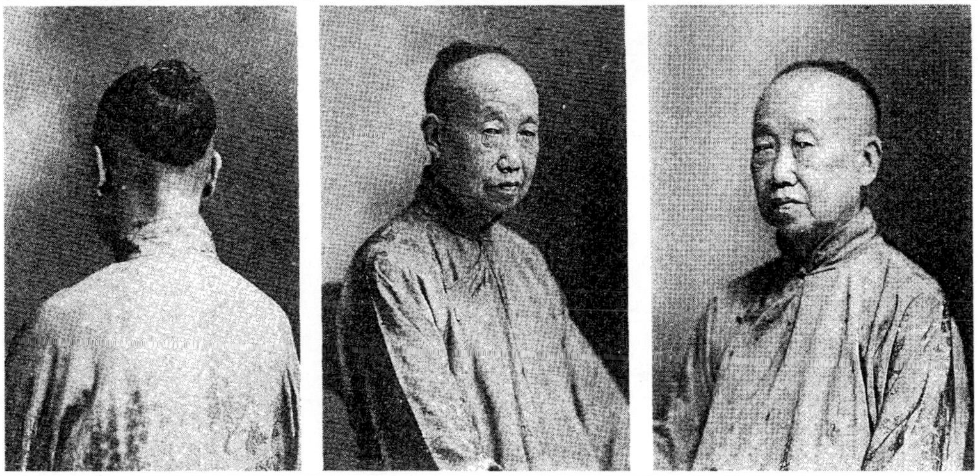

圖 6－44：朝倉文夫作吳倉碩像時所參考的相片

第二節　以書學研究爲中心的例子

一、羅振玉

羅振玉，清同治五年（1866 年，日慶應二年）六月二八日出生於江蘇淮安府。羅振玉的遠祖自南宋時代以來定居於浙江上虞，直到羅振玉的祖父敦賢時，才舉家移居淮安。但羅振玉本人似對上虞頗有偏愛，故他在著述的序跋、書法作品中的落款多署「上虞羅振玉」。羅振玉的父親爲羅樹勛，母親爲范淑人。兩人共有五男六女。羅振玉爲第三男，初名振鈺，字叔寶，又名式如，後改名作振玉，字堅白，以後又稱叔蘊、叔言等，號雪堂、貞松，此外還稱永豐鄉人、仇亭老民、抱殘老人等等。

中日甲午戰爭（1894～1895 年）中國宣告戰敗而告終。羅振玉爲了振作和回復國力，計畫從西方引進農業技術，並親自開始著手研究農學。光緒二十二年（1896 年，日明治二十九年）與蔣黼共同在上海創立農社，除了致力於翻譯出版歐美、日本的農書以外，還發行《農學報》，以啓蒙、普及和振興中國的農學盡力不已。翌年，羅振玉因爲需要農書翻譯人材，特地從日本招請藤田箭峰〔註 16〕來中國。如前所述，此事對羅振玉而言，成爲他與海外友人結交的一個開端。當時，羅振玉與《時務報》創始人，致力於改革變法主義思想之普及的汪康年〔註 17〕交情甚密，換言之，羅振玉在當時即已與變法派有了交往。至光緒二十四年（1899 年，日明治三十二年），羅振玉爲了培養日本語文獻翻譯人材，在上海創立了東文學社，除了藤田箭峰以外，還有田岡岭云亦被招爲教師，在該社執教。就是在這個東文學社中的學生中，有一人後來成爲了羅振玉終生的好友、姻戚親家，此人便是著名的學者王國維。

〔註 16〕藤田箭峰（1869～1928 年），名豐八，德島縣美馬郡郡里村人。明治十三年（1897 年）西渡中國，受聘於羅振玉主管的學農社，擔任翻譯書籍的工作。明治四十五年（1912 年）回日本，任早稻田大學、東京帝國大學教授。並且曾任台北帝國大學（前台灣大學），文政學部長等職務。著有《支那文學史稿先秦文學》、《東西交涉史研究》、《箭峰遺稿》等。羅振玉曾撰有《藤田箭峰墓表》

〔註 17〕汪康年（1860～1911 年 11 月 14 日），字穰卿，晚號恢伯、醉醉生。浙江錢塘（今杭州市）人。晚清著名人物，報刊活動家。

二、羅振玉訪日

羅振玉第一次到日本是光緒二十七年（1901 年，日明治三十四年）十一月，他奉兩江、湖廣兩督之命，爲調查日本的教育狀況，第一次訪日。在這次的訪日中，他結識了河井荃廬、日下部鳴鶴等人，並共同討論金石學。宣統元年（1909 年，日明治四十二年）五月，他再次前往日本。在京都，他見到了京都大學校長前文部大臣菊池大麓以及內藤湖南、桑原騭藏、狩野直喜、富岡謙藏等人。此次的訪日，羅振玉的交友活動範圍比前次更加的擴大了。

羅振玉於光緒二十七年（1901 年，日明治三十四年），和宣統元年（1909 年，日明治四十二年）兩次東渡日本，其目的主要是考察日本的教育事況以及調查善本圖書。宣統三年（1911 年，日明治四十四年）冬，是第三次到日本，但不像前兩次那樣單單是旅行訪問，而是攜全家和親戚成員到日本，並且運來了各種各樣的的圖書、文物行李。實際上是移居日本。在宣統三年（1911 年，日明治四十四年）武昌革命軍蜂起，加上袁世凱再度被起用，集政權、軍權於一身，此時羅振玉已經感覺到了危機感即將來臨。於是在友人的建議安排下，前往日本。

於是羅振玉一行包括親戚王國維、劉氏等共二十人，終於在宣統三年的十月初從都門，至天津乘船到達日本。一開始羅振玉一家與王國維及劉氏同住在京都的田中村，但因房子太窄而人又多，於是另外租借了二處房子，讓王、劉兩家居住。在田中村一年期間，羅振玉的藏書均暫時寄放在京都帝國大學，後來他又在京都市淨土寺購買了土地，建起了房子，於是連人帶書一起遷進了新居。

羅振玉最初居住的寓所地址爲：

京都市左京區田中飛鳥井町〔註 18〕

而羅振玉後來遷往的淨土寺，至今遺址尚存，且當時的建築物也完好的保存。

羅振玉在京都曾增建書庫，因他藏有北朝初年寫經〈大云無想經〉，故又命名爲「大云書庫」。另外宅中還有一座小池塘，落成之日，他接到中國寄來邀請他爲清使館募修一職的委任信，他將其付之一炬，以表示不願回去之決心，故此命名池塘爲「洗耳池」。他還築有一樓，用以專門收藏列經宸翰，故命名此樓爲「宸翰樓」。

〔註 18〕杉村邦彥：〈羅振玉在日本的研究生活及其交友關係〉，《第三屆中國書法史論國際研討會論文集》，第 238 頁，1998 年，北京，文物出版社出版。

三、羅振玉在日本的研究及所著書籍

羅振玉移居日本的宣統三年（1911 年，日明治四十四年）前後，正値清王朝滅亡，中華民國成立的大轉換時期。而此時恰恰也正是甲骨文、敦煌文書、漢晉木簡等大量發現和發掘，古文物相繼問市的時代。用羅振玉自己的話來說，正是未曾有的「文字之福」的時期。他傾全力去搜集、整理並出版這些新出資料。

羅振玉來日本時，曾攜帶了大量的圖書、甲骨、彝器、明器、古鏡、古玉、古印、金石拓本等藏品。到日本前曾有「圖書長物百餘篋」運往日本，並且「運之逾月乃竟」，當時還「又賣其重大不易致者」。此外他還在《海寧王忠愨公傳》中記有：

> 予又盡出大云書庫藏書三十萬卷、古器物、物銘識拓本數千通，古彝器及他古器物千餘品，恣公搜討〔註 19〕

之語。可見他藏品的大部分還是由中國運到了日本，其數量之多，實在驚人。就這樣，羅振玉擁有這些龐大的資料，與王國維一道開始了他們的研究生活。就這樣他與王國維兩人埋頭於學問，相繼整理、編輯、出版了《殷墟書契前後編》、《流沙墜簡》、《鳴沙石室古佚書》、《鳴沙石室古籍叢殘》等著作。其中，如《殷墟書契前編》、《後編》等於甲古文字研究中堪稱開創性業績的重要著述。《前編》一書的封面即是由內藤湖南揮毫題署的，由此亦可以想見兩人友情之深厚。

羅振玉研究的領域範圍即清朝以來的金石學、訓詁學、文字學、校勘輯逸學、版本目錄學等等，總而言之，即是所謂樸學範疇中的類型。

對他來說，當時中國，的確是「文字之福」的時代，但同時也是著實可悲的清王朝倒台，革命軍蜂起的大動亂時代。動亂的結果，招致了敦煌文書、漢晉木簡、甲骨、古器及石刻等珍貴文物大量流失海外，如不及時加以存錄，瞬即消失。所以他只能盡自己的微薄之能，用采拓、轉抄影寫，攝影等一切手段「集錄」。這種強烈的使命感不時在他的心中燃燒，促他發憤。

在這樣動亂的時代，用羅振玉自己的話來說，即「予以顚沛餘生，尙得執寫官之勞」是他對自己簡約而生動的寫照。其中，他的〈芒洛冢墓遺文序〉一文中曾有一段激憤不已的表白：

〔註 19〕 杉村邦彥：〈羅振玉在日本的研究生活及其交友關係〉，《第三屆中國書法史論國際研討會論文集》，第 242 頁，1998 年，北京，文物出版社出版。

昔人有言，金石雖壽，或反借楮墨以永之。〔註 20〕

從他這些話，可以證明自己歷盡艱辛地去收集、抄寫古文獻之事，并非毫無意義的徒勞之舉。從這些言談舉止中可以想見羅振玉對自己悲愴的努力所流露出的執著心情。

四、羅振玉與內藤湖南的交往

他和眾多日本人的交往裡，內藤湖南屬最長也最久。兩人同生於慶應二年（1866 年，清同治五年），即所謂同庚，不僅如此，兩人在治學領域上，愛好，志向等方面相通處極多。內藤湖南所從事的主要是以中國為中心的東亞文化史研究，並且發表和出版了許多名論大著。他還與同僚、及擔當中國文學教授的狩野君山等在中國學的領域裡，創立并奠定了著名的漢學流派——京都學派的奠基。明治三十三年（1900 年，清光緒二十六年）二月，當文廷式〔註 21〕亡命日本時，內藤湖南曾為文介紹許多人物，並且形成自己的湖南學風，也多與文廷式的影響是分不開的。

《滿洲寫眞帖》乃是內藤湖南於明治三十八年（1905 年，清光緒三十一年）前往中國滿洲各地旅遊時所拍的照片集。羅振玉的序文是在內藤湖南去世後的昭和十年（1935 年，民國二十四年），《增補滿洲寫眞帖》一書刊行出版之際，羅振玉將此序寄來并付出版。

羅振玉的《滿洲寫眞帖序》中有「傾蓋談藝，歡若平生」一語，這當是內藤湖南與羅振玉共同遊歷會稽，至四明走訪萬斯同〔註 22〕、全祖望〔註 23〕的故里並參觀了范氏天一閣藏書之事。另一方面，內藤湖南的《燕山楚水》

〔註 20〕杉村邦彥：〈羅振玉在日本的研究生活及其交友關係〉，《第三屆中國書法史論國際研討會論文集》，第 242 頁，1998 年，北京，文物出版社出版。

〔註 21〕文廷式（1856～1904 年），字芸閣，號道希，江西萍鄉人。光緒十六年（1890 年）進士，翰林院侍讀學士，兼日講起居注官，珍妃老師，近代詩人、詞人。晚清政壇「清流派」領袖之一，四大公車之一（另外三人是福山王懿榮、南通張謇、常熟曾之撰。）與汪鳴鑾、張謇等被稱為「翁（同龢）門六子」，是帝黨重要人物。

〔註 22〕萬斯同（1638～1702 年），字季野，學者稱石園先生，明末清初歷史學家，浙江鄞縣人。生於明崇禎十一年，卒於清康熙四十一年，祖宗四代效忠明朝。黃宗義是他的老師。

〔註 23〕全祖望（1705～1755 年）字紹衣，號謝山，清朝史學家、文學家。學者稱謝山先生，浙江鄞縣人。

裡也記載了當時內藤湖南曾從日本攜去了〈有延歷敕定印的右軍草書〉(可能爲「喪亂帖」的臨摹本),〈法隆寺金堂釋仏光背銘〉以及其他拓本等贈與羅振玉,並向他日本正倉院所藏的唐代遺物雀頭筆的複製品,請他試用,徵求意見,而與羅振玉的交談則以專門談金石、書法等爲主。

無論內藤湖南也好,羅振玉也好,他們研究的對象主要是中國史,這點自不待言。應該說,在中國史研究方面,比起日本人,中國人有著許多有利的條件。但是,在有些特殊的資料方面或特殊的研究領域中,日本人有著與中國人同等或超出其之上的條件優勢,並且取得傑出的研究成果。比如在中國早已失傳而在日本卻仍然傳存的舊抄本、古版本等等,即是其例之一。這一方面的研究,在日本江戶時代起早有狩野棭齋等等已開其先河,而在中國則有楊守敬。楊守敬於明治十三年(1880 年,清光緒六年)至明治十七年(1884 年,清光緒十年)作爲清國公使館員逗留日本,著有《日本訪書誌》、《古逸叢書》、《留眞譜》等爲這方面的研究邁出了第一步。而羅振玉來日以前,這方面的知識也僅限於楊守敬之範圍而決不會超越出楊氏的。

楊守敬所關心的是日本傳存的宋元版本、唐抄本等極爲有限的範圍,對此羅振玉則更關心在日本古時所寫所刻的舊抄古刻本,這在自著中尋常可見。從這一點,羅振玉不但繼承了並且更發展了楊守敬的未竟之業。今天,在日本傳存的舊抄本中,有許多內藤湖南、羅振玉的題跋,這點充分說明了兩人的相互協助關係。

另外,大正八年(1919 年,民國八年)羅振玉歸國之際,將其淨土寺的舊宅寄贈京都帝國大學文學部,並囑咐內藤湖南、狩野君山將其房子賣去後,以房錢的對等資金對日本傳存的舊抄本進行影印出版。其結果是,一部巨大的《京都帝國大學文學部影印舊抄本》十冊書籍刊行問世了。羅振玉的嘉惠於學林之功德實爲無量,內藤湖南等人的無私協助亦令人佩服不已。

內藤湖南還藏有大量的中國石刻拓本,其中也有連羅振玉也不知道的珍貴資料。如羅振玉的《昭陵碑錄補序目》(全續——八)中就記有湖南贈其〈宇文士及碑〉的照片之事,并錄下了碑的釋文,收入羅振玉的《滿洲金石志跋》(全續——二)中,再如,記有他在內藤湖南處拜觀了〈義州石窟魏太和間營州刺史元景造像記〉拓本,歸國後,命人前往采拓之事,其造像記的釋文今收於《滿洲金石誌》（全續——九）中。另外，湖南對其家藏的〈奴兒干永寧寺碑〉進行考證而成的論文〈明東北疆域辨誤——附奴兒干永寧寺碑記〉（《內藤湖南全集》第七卷）一文爲湖南三十五歲時之作，此文爲內藤湖南的最早一篇史學方面的論文。爲此，羅振玉曾令其子羅福頤用漢語翻譯，收於其《滿洲金石誌》中（全續——十）。內藤湖南對羅振玉的金石學作過如下評價：

叔言金石之學，爲當代第一〔註24〕

可見其服膺之情。此外不僅是金石學方面，對羅振玉關於書畫方面的學說，內藤湖南也曾在其題跋裡時常介紹，並對羅振玉的藏品多有言及。

在這樣的文化交流中可以看出兩方學者所激盪出的火花，在這樣的書學研究背景下，保存了許多珍貴的資料，不讓戰火波及或者遺失。清代書學研究的範疇相當廣泛，相信還有龐大的資料可以搜索。

五、內藤湖南與羅振玉的收藏

在日本傳存的中國書畫、碑帖中，時常可見內藤湖南、羅振玉的題跋、題簽等。在日本的各大博物館、美術館以及民間收藏家中，藏有大量從清末民初流入日本的書畫碑帖。關於這些東西的流傳背景和途徑，有通過正式買賣或贈送等方式流入的除此以外流入的東西也不能說沒有，總之很難一概而論。當時大力將中國書畫、碑帖等輸入日本的書畫商之一，有大阪的博文堂。

當初中國的革命運動領導人因急需增徵集軍資，故常常將家中書書等出賣。首先通過木堂等的介紹，貨物才能得以入境，後來原田直氏直接前往中國求購。當貨物到達後，一般需請內藤湖南以及曾任上海商務印書館編譯所之職的長尾雨山，在他辭任歸國後，定居京都，以漢詩人、書畫家而知名，有時也請羅振玉等對這些古書畫、碑帖加以鑑定，對於一些精品，他們都被請作題跋、題簽，而買主則主要是關西的實力者，如上野理一、阿部房次郎、藤井善助、黑川幸七等。內藤湖南與長尾雨山，在書畫鑑識方面見識甚高，並且又都是漢文、書法的大家，從這個方面來說，當時的關西（京都、大阪、神戶地區）也可謂人才濟濟了。

〔註24〕內藤湖南：〈實左盦文〉，《內藤湖南全集》第十四卷。

當然這也不只限於關西，凡流入日本的書畫、碑帖等名品裡，這三個人的題跋、題簽是壓倒性多數。另外，從博文堂的《出版目錄》來看，羅振玉所藏或者舊藏的東西占多數，而其中多有羅振玉、內藤湖南、長尾雨山的題跋、題簽，這點頗引人注目。其原因除了上述的情況以外，還有就是羅振玉為生活食衣及出版刊行之事，急需資金，故不得不「鬻長物」。一般來說，研究者、收藏家，當他們不得不出賣自己心愛的藏品時，因為伴隨著價格方面的問題，所以向親友、知己，出售有碍於情面等原因，不易成交。這時商人的介入就顯得很重要。經過博文堂原田氏之手西向關西的財界實力者出售，就極有可能。羅振玉舊藏，後歸屬上野氏所有的宋拓《十七帖》、宋拓《集王聖教序》等名品，則一定是通過這一方式出售的。

六、北方心泉

日本近代書法史上第一個赴中國的人物，既不是日下部鳴鶴（1838～1922），也不是中林梧竹（1825～1913 年）。而是一位出家人，名叫北方心泉。明治十年（877 年，清光緒三年）北方心泉二十八歲，為向中國布教之事，他以布教主持的身分，與赴中國的日本留學生一起到上海。以後逐年往來於中日之間，在書法與文學上有過出色的成績。終其一生，赴華共四次。內容有宗教方面的，也有教育方面的，更有文學藝術方面的。關於宗教方面的內容，也有相當重要的內容，如他赴中國布教，想建立東本院寺北京分寺，後來東本院寺終止向中國布教，他還建議自費布教。

在北方心泉早期的作品中，可窺明顯的徐三庚風格。他之就學於徐三庚，也是眾所皆知的事實。不但是他，他的學生桑名鐵城曾隨從書學，後赴中國，向趙之謙、徐三庚印風學習，亦是近代中日書法篆刻交流史上的一件大事。關於北方心泉在中國上海的書畫活動，可以列舉幾例。

明治十年（1877 年，清光緒三年）他初次赴清時，接觸到中國清末新風即北碑書風時，心情之驚訝可以想見。據說，他當時是一心為布教奔走，生活忙亂，並未有餘暇問津新學，所結交的中國書家也多偏於湖南一地，並未大開。直到明治十二年（1879 年，清光緒五年）他再度赴清時，與浙、滬一帶文化人接觸日多，才開始主動問津書法，並學習六朝北碑，篆隸行書同時兼行。後期北方心泉書風被稱為「合篆草於一體」，即指此也。岡井慎吾在《書苑》中有文章認為：

我國（日本）從傳統的法帖中走出來，趨於碑版，是從明治十五年開始的。但在明治十年即赴中國，學得北碑風，而成爲我國接受北碑書洗禮的第一人，則不得不推北方心泉上人。〔註25〕

這就是說，北方心泉是早於楊守敬的日本「第一人」，作爲書風大轉換的第一個發難者而載入史冊的。

七、從有鄰館看日本的中國古印、藏品

關於日本對中國古印的收藏，以京都的藤井有鄰館〔註26〕、奈良的寧樂美術館和著名的龍谷大學圖書館爲最。可以說，中國古印的收藏大都集中於這三家。零星的明清特別是清代後期藝術家的篆刻作品，分散藏於私人手中的數量相當之多。但若論古印，則非此三家莫屬。特別是藤井有鄰館，號爲世界上最大的古印收藏館，其古印將數千方。

古印收藏是藤井有鄰館的得意處。周代的銅印、玉印，秦、漢、六朝直至唐宋元明清之印，總數約在六千枚以上。專門的篆刻家對六朝以後的古印十分重視，而一般觀眾沒有這樣的偏側。比如對帝王璽印，自宋徽宗以後直到康熙、乾隆如「康熙御筆之寶」、乾隆「十全老人之寶」等皆在館藏中。過去日本人對古印並無太大的興趣，商人們得知藤井氏有心於此，一得古印便送來有鄰館請購。今天我們看到的許多古印，其原物大都在有鄰館的秘藏中。此外，有鄰館的石佛和青銅器收藏也十分可觀。在日本收藏中國青銅器最豐富的爲住友、白鶴、根津三大館，有鄰館以殷周彝器自難匹敵，但他還廣收戰國迄漢的銅器，這就形成了自己的收藏特色。

有趣的是，藤井有鄰館和寧樂美術館的古印收藏獨步天下，但都與大正名家園田湖城〔註27〕（1886～1968年）其人有關。寧樂美術館主人中村准一

〔註25〕陳振濂：《近代中日繪畫交流史比較研究》，第115頁，2000年10月，合肥，安徽美術出版社。

〔註26〕有鄰館的主人爲藤井善助，原是滋賀縣神崎郡北五個庄町宁宮庄的富家。但眞正促成他收藏中國美術品的，卻是近代日本政界風雲人物犬養毅。

〔註27〕園田湖城享年八十二歲。生前爲日本篆刻第一長老，曾以精鑑賞古印聞名。編有《平盦藏古印譜》、《穆如清風室考藏古漢印》。這樣一位集創作、鑑定、研究和教育還有收藏於一身的名流爲藤井有鄰館藏印作鑑定與研究，當然又使有鄰館在近代日本篆刻史上的地位增色不少，而不僅僅是單一的收藏而已。

氏拜倒其門下學印，而藤井有鄰館則乾脆延請園田湖城爲有鄰館主任，專心整理有鄰館的中國古印藏品。園田湖城享年八十二歲。生前爲日本篆刻第一長老，曾以精鑑賞古印聞名。

從日本的有鄰館瘋狂的收集中國古物珍品可見，這些中國的重要寶物，在日本文人的眼中並不因爲日本西化，而變的不起眼。在這的時代的中日書法篆刻交流，不只是名家對名家的交往，這之中的價值還包括了收藏品的流動與收藏。在中國的角度來看，雖然是一種損失，但是以長遠的眼光來解讀，這些珍品可以在動亂的時代得以好好保存，也是另一種彌補。在這樣的情況下，日本研究中國古物學者，得以更進一步的接近藏品並且分析深入研究，在學術上是非常寶貴的機會。

第三節　郭沫若與田中慶太郎以書學爲中心的交流軌跡

中日間往來的信件，其中有許多都談及有關書論爲中心的話題，例如：黎庶昌和宮島城一郎的筆談，於光緒八年（1882 年，日明治十五年）、光緒十年（1884 年，日明治十七年）。民國二十年～二十六年（1931～1937 年，日昭和六年～十二年）郭沫若致田中慶太郎的信。民國二十六年（1937 年，日昭和十二年）郁達夫致田中慶太郎的信、《清客筆談》——光緒七年（1881 年，日明治十四年以降）楊守敬和森立之等的筆談。現以郭沫若致田中慶太郎的信爲例作爲介紹。

從民國二十年（1931 年，日昭和六年）到民國二十六年（1937 年，日昭和十二年）間，郭沫若〔註 28〕致田中慶太郎的信中可以看出，中日間以書學研究爲重心的一項交流。

郭沫若到日本的這段期間，與田中慶太郎有密切的交往，因爲田中慶太郎是日本有名的漢籍書店的老板，郭沫若在日本期間收集許多古物資料，他交與

〔註 28〕郭沫若（1892～1978 年）原名開貞，號尚武，曾名鼎堂。四川樂山人。1923 年畢業于日本九州帝國大學醫科。1926 年任廣東大學文學院院長，並參加北伐戰爭，任國民革命軍總政治部副主任。次年參加南昌起義，並加入中國共產黨。1928 年旅居日本，研究甲骨文、金文和中國古史。抗日戰爭爆發後回國，組織和團結進步文化人士，從事救亡運動。一生著作被輯爲《郭沫若全集》三十八卷，其中《文學編》二十卷、《歷史編》八卷、《考古編》十卷。

好友田中慶太郎出版，這之間有寶貴的書信，透露著當時情況的輪廓。在中日書界的交流史中爲一項珍貴的歷史。透過這一信件可窺見的不只是當時出版的情形，還可以看出兩人之間友好的情況。相信這一些書信可以更加的了解當時中日間的私人交流，也可以更加的清楚日本方面對於中國文物、文化的重視。

一、郭沫若

郭沫若（1892 年 11 月 16 日～1978 年 6 月 12 日），原名郭開貞，字鼎堂，四川樂山人，少年曾就讀於成都石室中學。是中國新詩的奠基人之一、中國歷史劇的開創者和奠基人之一、中國唯物史觀史學的先鋒、古文字學家、考古學家、社會活動家。

民國三年（1914 年，日大正三年），郭沫若留學日本，在九州帝國大學學醫。民國十年（1921 年，日大正十年）發表第一本新詩集《女神》，書中洋溢著強烈的浪漫主義氣息，《女神》是中國新詩的奠基之作，郭沫若也因而成爲中國新詩的重要奠基人之一；同年又與郁達夫等人一同創立上海文學學社「創造社」，是新文化運動的重要旗手。民國十一年（1922 年，日大正十一年）3 月 15 日《創造季刊》問世。這一時期郭沫若的詩作，同胡適等人的新文化運動、五四運動作品，影響了日據時期台灣的早期新詩創作。

民國十六年（1927 年，日昭和二年）他就任蔣介石總司令指揮下的北伐軍總政治部副主任。但郭沫若發表反對蔣介石的文章，蔣旋即通緝郭沫若，民國十七年（1928 年，日昭和三年）2 月，郭沫若前往日本避難。

郭沫若在流亡日本期間，開始研究甲骨文、金文。民國十九年（1930 年，昭和五年）撰寫了《中國古代社會研究》，通過引用當時的歷史文獻資料與馬克思主義關於人類社會學發展規律的論斷，證明中國同樣經歷過原始社會、奴隸社會與封建社會（這個說法現在受到海內外眾多學者的爭議），郭沫若由此在中國開創了唯物史觀派，該學派在此後佔據了中國學術界的主流地位。隨著以馬克思主義爲指導綱領的中國共產黨走上執政舞臺，該書的觀點被當作後來相當一段時間內中小學課本的參考教材之一。郭沫若憑藉這一時期的甲骨文研究而與王國維、羅振玉、董作賓並稱甲骨四堂。郭沫若在民國二十六年（1937 年，日昭和十二年）全面抗戰爆發後回國。民國三十七年（1948 年，日昭和二十三年）曾當選爲第一屆中央研究院院士。民國六十七年（1978 年，日昭和五十三年）6 月 12 日在北京逝世。

郭沫若生平著作超過數百萬字，集結爲《郭沫若全集》38 卷，分爲文學編（20 卷，人民文學出版社出版）、歷史編（8 卷，人民出版社出版）、考古編（10 卷，中國科學出版社出版），然仍有大量佚文未能收錄。

在考古學方面著有《甲骨文字研究》、《卜辭通纂》、〈古代文字之辯證的發展〉、〈中國古代史的分期問題〉、《中國古代社會研究》、《甲申三百年祭》、《青銅時代》、《十批判書》、《奴隸制時代》、《李白與杜甫》、《中國史稿》。另有詩集、散文《女神》、《星空》、《瓶》、《前茅》、《恢復》、《戰聲集》《新華頌》、《百花齊放》、《駱駝集》、《沫若詩詞選》、《獻給在座的江青同志》、《我向你高呼萬歲——史達林元帥》、《山中雜記》、《波》、《南京印象》等。

二、田中慶太郎

田中慶太郎（1880～1951）是日本有名的漢籍書店文求堂的老板。文求堂是東京第一個，也是最有規模的中國典籍書畫的專門書店。而明治四十一年（1908 年，清光緒三十四年）至明治四十四年（1911，清宣統三年）年這三、四年田中是在北京度過的，他在北京購房居住，一面向當地的文人學者、版本學家等請教漢文化知識，研修漢籍版本，一面全力發掘、購進善本珍籍。在這一階段，田中通過公開的和不公開的方式，購買了包括甲骨文、敦煌經卷、《永樂大典》散本在內的眾多珍貴古籍。這些東西部分直接轉賣給熟識的學者教授，主要的則通過書店出售。田中慶太郎對於中國古籍版本的鑒別能力，在日本中國學界是有口皆碑的。依靠這一基本功，他爲日本搜求買入了不少珍籍善本。在昭和三年（1928 年，民國十七年）到昭和四年（1929 年，民國十八年）間，文求堂曾發行《文求堂善本書目》，匯集了當時文求堂收的約 120 種中國古籍善本的圖版及簡單說明。文求堂還每年發行一冊《文求堂書目》，是書店的售書書目。內藤湖南收藏的如今被法定爲「日本國寶」的北宋刊本《史記集解》殘本 58 卷，便是大正四年（1915 年，民國四年）通過田中慶太郎文求堂，用巨資購得的。就像琉璃廠書店是民國期間中國學者們的俱樂部一樣，文求堂也吸引了東京地區的中國研究專家，他們經常在這裡看書、買書、談書，使那裡成了中國學研究的信息交換點。到日本游歷考察的中國學者，如董康、傅增湘、張元濟等一流的版本學家，都到過文求堂，與田中熟識。此外，郭沫若、魯迅、郁達志、傅抱石等人，或是留學日本期間，或是流亡日本期間，也常常出入文求堂。

三、郭沫若與田中慶太郎的書信

這些書信是郭沫若在，民國十七年（1928 年，昭和三年）至民國二十六年（1937 年，昭和十二年）流亡日本期間與日人田中慶太郎間的書信。民國十二年（1932 年，大正十二年）6 月 23 日信中云：

田中救堂先生：

昨日，偕妻與長子登門拜訪，蒙受多方照顧，感謝。關於拙著《中國古代社會研究》，正如尊處所見，確有二種，一種紙質稍稍好，一種是用普通的新聞紙。我想，如果能給我一冊紙質稍稍好一點兒的話，甚感有幸。尊夫人之貴恙想已日趨佳善，得無有喜事乎？則老兄之罪過，不亞於小生也。臆測之處恕罪。

阿和乃古登志再拜〔註 29〕。六月二十三日〔註 30〕

《中國古代社會研究》是郭沫若的著作，民國十八年（1929 年，昭和四年）撰寫，民國十九年（1930 年，昭和五年）出版。《中國古代社會研究》以唯物史觀爲指導，確定中國商朝是原始社會，西周是奴隸制社會，東周是奴隸制社會崩潰，封建制度的興起。此書一度被視爲中國馬克思主義史學的里程碑，民國十九年（1930 年，昭和五年）三月，由上海聯合書店出版，再版與三版陸續有附錄《追論與補遺》的 10 篇短文。

這篇書信是郭沫若寫給田中慶太郎的信件，表示在大正十二年（1932 年，民國十二年）6 月 22 日星期三時，郭沫若去拜訪了田中慶太郎，信中提到關於郭沫若自己的著作《中國古代社會研究》的印刷紙張，希望田中慶太郎可以提供較好紙質的初版品。可見當時應有兩種出版品，所用的材質不同。一種是較好的用紙，一種則是普通的新聞紙。

民國二十一年（1932 年，昭和七年）9 月 8 日寫到：

子祥〔註 31〕仁兄大鑑：

「示悉。於釋□之外，別得新釋十種，擬輯成《金文餘釋之餘》〔註 32〕作爲專書，大約有五十葉之譜，俟稿紙印就時，與《卜辭選釋》

〔註 29〕阿和乃古登志，郭沫若的化稱。

〔註 30〕李慶：《東瀛遺墨——近代中日文化交流稀見史料輯注》，第 202 頁，1999 年 5 月第一版，上海，上海人民出版社。

〔註 31〕子祥即田中慶太郎。

〔註 32〕《金文餘釋之餘》初版本 1932 年由日本文求堂書店影印，凡四卷，收論文 11 篇。

〔註33〕同時著手。再者，涵芬樓所影印《嘯堂集古錄》〔註34〕，請寄來一部爲望。專此。即頌刻安。弟 沫若頓首九月八日」〔註 35〕

「此信於日前書就未寄。茲復有請者，望將《考古圖》〔註36〕及《愙齋集古錄》〔註37〕各一部擲下爲禱。原稿用紙百枚收到。目前微患秋痢，已絕食一日，平復後即著手也。沫若及十二日〔註38〕」

九月八日，這封信中郭沫若提到，所編的《金文餘釋之餘》想要做成專書，大約有五十頁，在文求堂出版時希望可以和所編的《卜辭選釋》一起進行。另外與宋王俅的《嘯堂集古錄》影本希望可以一併寄來。另外有一封十二日補寫的信提到，希望可以得到，宋呂大臨的《考古圖》與清吳大澂的《愙齋集古錄》。在信中並附上自己的近況的和身體狀況，互相關心古籍書目，共同爲著作努力，可見兩人的交誼。

民國二十一年（1932 年，昭和七年）10 月 4 日寫到：

頃奉擾半日，歸時復蒙饋以鮮菇，謝甚謝甚。《餘釋之餘》〔註 39〕釋石鼓文處，未盡愜意，茲於別紙錄一通奉上，乞飭手民貼上爲禱。又在前一葉有錯誤處當改正，請即囑印刷所直接寄來。

天晴時務望偕嫂夫人及女公子輩來作竟日遊。此上子祥尊兄清鑒。弟沫若頓首。四日夜。

在民國二十一年（1932 年，昭和七年）10 月 4 日星期三，這天郭沫若提到所著的《金文餘釋之餘》，在考釋〈石鼓文〉的地方並不滿意，並且另有錯誤需更正的地方，所以希望田中慶太郎可以請印刷社寄到郭氏的住處。信中並提及，感謝田中慶太郎所贈的鮮菇及邀請他們一家到自己的住所遊玩。可見在這段旅日過程中，與田中慶太郎的交往是非常充實且愉快的。

民國二十一年（1932 年，昭和七年）10 月 27 日寫到：

昨蒙展示珍藏，并厚擾郇廚，謝甚謝甚。歸時餘醒未解，迷失路向，竟走至水道橋，再折回御茶水，幸得趕上最終列車。不然將被拘在

〔註33〕《卜辭選釋》成書時，定名《卜辭通纂》。

〔註34〕王俅：《嘯堂集古錄》，宋。

〔註35〕李慶：《東瀛遺墨——近代中日文化交流稀見史料輯注》，第 203 頁，1999 年 5 月第一版，上海，上海人民出版社。

〔註36〕呂大臨：《考古圖》，宋。

〔註37〕吳大澂：《愙齋集古錄》，清。

〔註38〕同註 19。

〔註39〕郭沫若：《餘釋之餘》全名爲《金文餘釋之餘》。

棲流所矣，一笑。京都有意一行，能得震二〔註40〕君同伴故妙，不能亦擬獨住。特恐《選釋》將突破兩百葉耳，如何？幸裁酌。以上子祥尊兄付正。郭沫若頓首。十月二十七日。

民國二十一年（1932年，昭和七年）10月27日星期四，信中表示感謝那天田中慶太郎展示所珍藏的藏品，並且兩人一起嚐美食、飲酒。郭氏表示回家的時候，因爲酒還未醒，所以竟然迷路，所幸後來趕上最後一般電車。另一件事，則是郭沫若將要前往京都，若有田中慶太郎的兒子一同前往更好。並表示他所著的作品《選擇》將會突破兩百頁。從這一段書信內容，可以看出兩人的交誼，討論著作、一同鑑賞藏品等，相信這一段在日本之行程對於郭若沫來說，收穫非常的豐富。

民國二十一年（1932年，昭和七年）10月30日寫到：

三日一小成，任公不欺人〔註41〕，再等三個月，定然會大成，到了那時候，再來拜先生。老兄能西下，再好也沒有。已得老婆同意，說走便可以走，只待老兄方便，不問什麼時候。子祥老兄先生。王假維〔註42〕再拜。十月三十日晨。請將拙著《金文叢考》一部，寄交北平西單牌樓察院胡同二十九號何敘甫先生爲禱〔註43〕。弟處尚存有一部，緩日當攜還。沫又及。

民國二十一年（1932年，昭和七年）10月30日星期天，提及梁啓超的論學之言以自勉，並約請田中西下之事。並談及所著《金文叢考》，希望寄交給何敘甫先生，自己的住處還存有一部相同的書籍，下次見面即還給田中慶太郎。

民國二十一年（1932年，昭和七年）11月1日寫到：

啓者：《餘釋之餘》已閱過，問題太零碎，恐不能引起讀者興趣，甚爲懸念。《卜辭選釋》改用十三行，行二十三字之形式，每葉增二百字，較《之餘》更密。無論材料如何增加，均以二百葉爲限度，請毋慮。京都之行，如震二弟亦有不便或無願去之希望，請勿勉強。

〔註40〕震二，田中慶太郎的次子。

〔註41〕任公不欺人：任公，梁啓超。在此指他在《論學日本文之益》中所說：「有學日本語之法，有作日本語之法，有學日本文之法，三者當分別言之。學日本語者，一年可成；作日本文者；半年可成；學日本文者，數日小成，數月大成。」這是帶有誑言性質的話。

〔註42〕王假維，郭沫若的化名。

〔註43〕何敘甫（1887～？），名遂，別名启甫、賤夫等。

能得老兄介紹書，僕一人獨去亦無妨事也。震二不太想去的話，勉強讓他爲伴，實在頗爲歉疚，故望能尊重震二自己的意志。草上。子祥尊兄倚史。郭沫若頓首。十一月一日夜。

民國二十一年（1932 年，昭和七年）11 月 1 日星期二，信中表示自己的著作《金文餘釋之餘》似乎談論的問題太過於零碎，恐怕不能引起讀者的共鳴與興趣，甚爲擔心。另一部著作《卜辭選釋》把格式更改爲一行二十三字，一頁共十三行，表示比《金文餘釋之餘》的格式更加的緊密，但書中無論加入多少的資料，都不會超過兩百頁，希望田中慶太郎那邊的出版社不必擔心。另外，再次提及京都之行，表示如果田中慶太郎的二兒子若無法陪同前往，並不會造成困擾，希望好友田中慶太郎不必太過擔心，也不要勉強自己的兒子。這封書信，依舊討論著郭沫若著作出版的問題，及細小的格式問題。另外，他也非常的尊重田中慶太郎的兒子，若一同出遊京都不方便，他也可以獨自前往，可以看出他的獨立跟尊重。也可以看出田中慶太郎對郭沫若的照顧，畢竟郭氏是外國人，相信田中慶太郎希望可以盡一份地主之情，這樣的友誼得來不易，相信在這樣以書學爲中心的中日交往，是非常的珍貴的。

民國二十一年（1932 年，昭和七年）6 月 5 日寫到：

逕啓者：傅抱石君有《摹刻學》一部，欲在此間出版，不識貴堂能承印否？特爲介紹。如貴堂樂意承印，據傅君云，條件可不拘，請酌裁。專此。即頌刻安。田中子祥先生。郭沫若。六月五日。附白：《圖錄》〔註 44〕原稿本已妥收。丹翁〔註 45〕信亦接續。外原稿數紙并附上，乞查收是幸。沫又及。

民國二十一年（1932 年，昭和七年）6 月 5 日星期一，這封信件與前一封信相隔半年，談到傅抱石有《摹刻學》一書，想要在日本出版，郭沫若詢問田中慶太郎是否可在他的出版社印刷出版。若能在田中慶太郎的出版社出版，代傅抱石傳達不拘條件的訊息。並提及《兩周金文辭大系圖錄》一書的原稿本已經妥當收到，和張丹斧的來信依舊繼續往來另外，將論著的張數原稿附上交給田中慶太郎。

民國二十二年（1933 年，昭和八年）7 月 5 日寫到：

〔註 44〕《圖錄》，全名《兩周金文辭大系圖錄》。
〔註 45〕丹翁即張丹斧（？～1937）。江蘇儀征人，近代書畫家。

蒙贈暑衣多件，感紉無似。日前踵府面謝，適行期暫返葉山〔註46〕，未遇爲歉。茲有啓者，《京報》前月二十八、九兩日，葉紅魚氏〔註47〕對於《通纂》〔註48〕續有評騭，祈借我一閱爲禱。今日奉到《北平圖書館刊》七卷一號，有□氏鍾出土處之記載。劉節〔註49〕君對拙説，復加毒舌，恨無機關以報答之也。天熱難耐，諸乞珍攝。子祥尊兄。沫若。七月五日。

民國二十二年（1933 年，昭和八年）7 月 5 日星期三，信中感謝田中慶太郎送給他多件夏天的衣服。另外提到在前月的《京報》二十八和二十九日，葉玉森對於《卜辭通纂》一書有所評述，希望田中慶太郎可以借給他這份資料閱讀。並談到《北平圖書館刊》七卷一號，有一些出土文物的紀載。

民國二十二年（1933 年，昭和八年）7 月 24 日寫到：

子祥尊兄大鑒：天氣奇熱……。茲有啓者，比來於古器物銘識之研究，復有所得，擬錄出以爲消夏之具，書名及內容見別紙，形式仿《卜辭通纂》，可得一冊之譜。尊處不識肯沿例承印否？如蒙承印，印稅并無極需，擬提出一部分爲購買《殷墟書契續編》〔註50〕之用，八月內留守期間，亦克藉此以攻破岑寂也。專此布意。尚乞撥冗酌復。順頌暑安。……

民國二十二年（1933 年，昭和八年）7 月 24 日星期一，這封信談到對於古器物的銘識研究，有所收穫，郭沫若表示自己將會錄出，以當消暑的工具。從他這席話中可以看見，研究的成果是他的精神糧食，在這炎熱的夏天中，看著自己研究出來的成果，開心的覺得有消暑的功用。在這部他新錄下的銘識研究中，他想出版成一冊，形式仿照《卜辭通纂》一書，在此他詢問田中慶太郎，是否可以再次的幫他出版，並表示想要提出一部分的印稅，購買羅振玉的《殷墟書契續編》。從這段文字中，可以看見郭氏對書學研究的喜愛，也可以看見田中慶太郎一直幫他在日本出版刊物，這樣的文化交流，是非常的

〔註46〕葉山，田中慶太郎的別墅。

〔註47〕葉玉森，號紅魚。江蘇丹徒人。考古和古文字學家。著有《鐵雲藏龜拾遺》等著作。

〔註48〕《通纂》，全名《卜辭通纂》。

〔註49〕劉節（1901～1977 年），字子植，溫州朔門人。中國當代歷史學家，曾任中山大學歷史系主任。因其在政治運動中表現出的人格品質而受後到世尊敬。

〔註50〕羅振玉：《殷墟書契續編》。

珍貴的，也相信在這樣的背景下，爲當時的金石考釋之學有相當大的資訊幫助。

民國二十三年（1934年，昭和九年）1月6日寫到：

惠書奉悉。《金文續考》〔註51〕蒙江紹源氏〔註52〕來函指正兩處，如別紙，請并刊入再勘誤中是幸。此上。救堂主人。蒙倛。六日。

民國二十三年（1934年，昭和九年）1月6日星期六，這封信提到田中慶太郎向郭沫若所發的信已收到郭氏所著的《金文續考》有江紹源來信指正兩的地方，亦隨函附寄給田中，表示要刊入後再勘誤。

民國二十三年（1934年，昭和九年）4月10日寫到：

《史學》奉到，謝謝。《善齋吉金錄》〔註53〕曾姬無卹壺二具器影，及《新鄭古器圖錄》〔註54〕壺，請爲適當縮小攝影寄下爲禱，因須插入現所筆述之《匯考續編》〔註55〕中也。又北平人來信，云顧頡剛〔註56〕氏拟刻《尚書叢書》，由燕京社刊行……。郭沫若再拜。四月十日。

民國二十三年（1934年，昭和九年）4月10日星期二，郭沫若向田中慶太郎表示感謝，已收到《史學》一書。並談到劉體智的《善齋吉金錄》與關百益〔註57〕的《新鄭古器圖錄》兩本書，希望田中慶太郎可以將需要的器影圖版適當的縮小，並且郵寄給他，因爲他必須把所整理好的筆述，放入郭氏自己所著

〔註51〕郭沫若：《金文續考》。

〔註52〕江紹原，安徽人。當代學者。

〔註53〕劉體智：《善齋吉金錄》。

〔註54〕關百益：《新鄭古器圖錄》。

〔註55〕郭沫若：《匯考續編》全名爲《古代銘刻匯考續編》。

〔註56〕顧頡剛（1893～1980年），原名誦坤，字銘堅，江蘇蘇州人，中國歷史學家、民俗學家，中央研究院院士。古史辨派代表人物，也是中國歷史地理學和民俗學的開創者之一。

〔註57〕關百益（1882～1956年）原名探謙，字益齋，河南開封人。關氏光緒三十三年（1907），畢業於京師大學堂師範館，曾任職於河南省博物館和河南省通志館等單位。他致力於金石考古學的研究，不僅致力於考古教學，還將理論與實務結合，實地進行考古金石的研究操作，如傳圖館藏《伊闕石刻圖表》、《河南金石志圖》、《傳古別錄》與《新鄭古器圖錄》等作品即是關氏考古實務的結晶。此外，古文字學與古錢幣學亦是關氏的研究重點，傳圖館藏《方城幣譜》、《泉影》、《殷虛文字存眞》等古文字與古錢文獻，也成爲相關學科的重要參考。

的《古代銘刻匯考續編》。另外他告訴田中慶太郎，顧頡剛擬刻版印刷《尚書叢書》由當時的燕京社刊行出版。

民國二十三年（1934 年，昭和九年）11 月 18 日寫到：

> 子祥仁兄惠鑒：頃有中國篆刻名家傅抱石君，欲與尊台一談，特爲介紹。又傅君欲晤河井荃廬，能爲介紹，尤禱。專此。……

民國二十三年（1934 年，昭和九年）11 月 18 日星期日，這封信爲郭沫若向田中慶太郎表示，中國篆刻家傅抱石〔註 58〕欲與他見面一談，而且傅抱石也想和日本當時的篆刻家河井荃廬見面，希望能夠由田中慶太郎的介紹下認識。民國二十二年（1933 年，昭和八年）的傅抱石因爲受到徐悲鴻的幫助，所以到東京日本帝國美術學校留學，因爲在青年時期曾當過他的秘書，所以他與郭沫若認識，此次他到日本的機會，相信由這樣的方式進行認識與交流，對中日間的篆刻交流活動，會激起相當大的火花。隔年民國二十四年（1935 年，昭和十年），傅抱石回國於當時的中央大學內任教。

民國二十四年（1935 年，昭和十年）4 月 17 日寫到：

> 頃得傅抱石氏來信，言前日所拜託關於篆刻評語，懇於二十二、三日賜下，又盼能轉托河井仙郎氏賜題數語。來函照轉，乞一過目。再者，梅原氏〔註 59〕已將越王矛寄來，別封寄上，請攝影，將插入增訂版《大系》〔註 60〕中也。……沫若。

〔註 58〕傅抱石（1904 年 10 月 5 日～1965 年 9 月 29 日）中國近代知名畫家與美術史論家，生於江西南昌，祖籍新喻縣章塘村，原名長生，10 歲時改名瑞麟；17 歲時自號「抱石齋主人」，改名爲傅抱石。傅抱石出身貧寒，少年時代曾爲瓷器店學徒和補傘匠，受清朝山水畫家石濤的風格啓蒙，1921 年考入江西第一師範學校，1933 年留學於東京日本帝國美術學校，1935 年 7 月在中央大學((後更名南京大學，又在台復校)藝術系擔任教職，以山水畫成名。並致力於美術史和繪畫理論的寫作，出版過《中國繪畫變遷史綱》、《國畫源流概述》、《中國古代山水畫史研究》。1965 年 9 月 29 日因腦溢血病逝南京，享年 61 歲。

〔註 59〕梅原氏即梅原末治（1893～1983 年），日本現代考古學家。

〔註 60〕《兩周金文辭大系圖錄考釋》由郭沫若編著，是青銅器及銘文研究的劃時代之作，對研究周代金文極具參考價值。一九三二年，作者編成《兩周金文辭大系》，由日本文求堂書店影印出版。其後經過整理和補充，又成《兩周金文辭大系圖錄》，一九三四年由三聯書店出版，第一次做成兩周銅器的參考圖譜。另著《兩周金文辭大系考釋》，一九三六年由日本文求堂書店出版。一九五七年，作爲中國科學院考古研究所考古學專刊甲種第三號，將二書合一，名爲《兩周金文辭大系圖錄考釋》，由科學出版社出版。

民國二十四年（1935 年，昭和十年）4 月 17 日星期三，郭沫若表示剛收到傅抱石的來信，希望得到田中慶太郎對他篆刻作品的評語，還希望可以透過田中慶太郎向河井荃廬懇賜題語。另一件事情則表示梅原末治，已將古器「越王矛」寄來，他希望可以攝影後編入所著的《兩周金文辭大系圖錄》中。這封信可以看出傅抱石到日本的留學之行，收穫應是相當大的，能夠得到日本書學研究者及篆刻家的寶貴意見，在這樣的交流活動下，是非常重要的資料。在信中也可以發現郭沫若在日本期間，非常的投入於收集文物資料及編刊著作，透過兩國間書學研究者的力量，相信在這段期間，他所著述的刊物是相當豐富及珍貴的。

民國二十四年（1935 年，昭和十年）7 月 20 日寫到：

> 《大系》插圖及補錄數紙收到。原有裡封面題字，俗得不能忍耐，另書一紙奉上，務請更換爲禱。又《考釋》勘誤一紙，請附在《圖錄》勘誤後，有半頁空白處。不一。子祥先生。沫若頓首。七月二十日。

民國二十四年（1935 年，昭和十年）7 月 20 日星期六，信中提到《兩周金文辭大系圖錄》的插圖和補錄的資料都已經收到，但原有裡封面的題字，郭沫若認爲非常的俗氣，希望田中慶太郎可以幫他更換。另提到《兩周金文辭大系圖錄考釋》的勘誤一紙，請他可以付在《兩周金文辭大系圖錄》的勘誤後面。在這段期間可以看到田中慶太郎的文求堂與郭沫若正如火如荼的，爲刊物的出版努力著。

民國二十五年（1936 年，昭和十一年）5 月 30 日寫到：

> 《通纂》〔註 61〕再勘誤已校好，當無再訂正之處矣。土居香國〔註 62〕門下故芝香女史著《九華仙館詩草》購求否？其詩甚清雋，斯文中人遠非所及。……

〔註 61〕郭沫若：《卜辭通纂》。全書第一部份《通纂》，共收甲骨文八百片，按內容分爲干支、數字、世系、天象、食貨、征伐、田遊、雜纂八組。第二部份《別錄》，分而爲二。別錄之一爲「大龜四版」拓墨、新獲卜辭拓本、何敘甫氏甲骨拓本。別錄之二爲日本所藏甲骨擇尤。第三部份《考釋》，其中之一是對《通纂》所收入的甲骨按所分八類，逐項加以考釋，考釋的內容，首先是注明所收甲骨之出處，已著錄者以書名簡稱和編號，未著錄者，則把藏家注明。

《卜辭通纂》的貢獻有四個方面：一.甲骨斷代。二.訂正世系。三.發明古代文化。四.綴合甲骨片。

〔註 62〕土居香國（1851～1923 年），名通豫。號香國。土佐藩人。本姓越智。明治時代詩人。爲《隨鷗吟社》成員。芝香女史：《九華仙館詩草》。

民國二十五年（1936 年，昭和十一年）5 月 30 日星期六，信中談到，已經將《卜辭通纂》再次的勘誤校正好，應該沒有再需訂正的地方了。另外談到最近喜歡一本詩集爲日人土居香國門下的芝香女史所著的《九華仙館詩草》，他認爲其詩清雋有味，非常的難得。郭沫若不只在金石書學中，佔有一席之地，他在文學的創作上也是非常有才華，所以他到日本收集的不只是金石書學的部分，相信有更多文學上的創作及啓發。

民國二十六年（1937 年，昭和十二年）2 月 3 日寫到：

> 《粹編》別冊入手。《羽陵餘蟫》以先睹爲快。一三零二片想必絕望，
>
> 今寄上拓片一紙，請以代之。將一二五葉另印一次，
>
> 較爲妥當。郭沫若再拜。二月三日。

民國二十六年（1937 年，昭和十二年）2 月 3 日星期三，信中談到取得《粹編》別冊。田中慶太郎著，求文堂出版的《羽陵餘蟫》他已先睹爲快，此書在同年七月正式在日本出版，另外並再次討論有關出版書籍中的編印細節。

這些信的影印件見田中慶太郎後人所編的《日中友好的先驅者——文求堂主人田中慶太郎》一書，是該書的「第二篇」中的內容。田中慶太郎是日本近代的出版家，本人也是一位中國文化的研究者。

這些信件，比較具體的反映了在日本流亡的郭沫若當時的一些想法、他和田中慶太郎的交往實況，以及郭氏出版《兩周金文辭大系圖錄》、《卜辭通纂》等書出版過程中的經緯。對於了解當時文化界中日交流的情況，對於研究郭沫若這一歷史人物，均有參考價值。

第四節　中日篆刻交流的價值與影響

日本文化，基本源於中國，而自有發展。作爲文化之一的篆刻藝術，同樣受到中國篆刻藝術的影響，但經過日本篆刻家數百年來不斷的努力吸收、消化，而能自成風貌，並具有較濃厚的民族風格。隋唐時後，日本派遣大批遣唐使到中國，全面吸收漢唐文化。現留存日本持統天皇六年（692 年，中國武周天授三年）後的官用文書上，有當時的官私印鈐本。從印文與形式大小來看，都極似我國隋唐時期的官司印，如「天皇御璽」、「大政官印」等高級官員之印。

宋元時期，日本禪宗興隆，除日本留學僧外，尚有不少中國僧人赴日講經傳道，有的長久留住日本，他們爲繼承中國文化傳統，興起日本的書法、篆刻藝術，有著啓發引導的影響。明代，中國文人興起一股復古思潮，印人多崇尚漢印，嘉靖、萬歷之時，文彭、何震出，加之印材易銅爲石，易於雕鐫，篆刻之風大爲盛行。受到中國畫影響較深的日本畫家周文、文清、啓祥、雪舟等人，也常在他們的作品上鈐蓋印章。

日本明治時代（1868～1912 年）的篆刻，一方面受到前代高芙蓉的一路影響，同時也有不少人崇尚我國清代中以後的印風，及重視多方面的藝術修養，詩文、書、畫，亦都各有專長，也可以說是文人印盛行的時代。明治十三年（1880 年，光緒六年），楊守敬任清朝駐日本大使官員，攜去的碑版法帖、秦漢印章等，對日本書法篆刻有很大的幫助及影響。此外有不少的篆刻家，爲了更加的了解、研究中國的篆刻藝術，不滿足於印譜的欣賞與摹習，而是直接來到篆刻藝術的發源地，攝取中國精神，向當時的印人學習。其中有名的有圓山大迂、中村蘭台、桑名鐵城、濱村藏六、河井荃廬等。他們先後遠渡大海來向中國的吳讓之、徐三庚、趙之謙、吳昌碩等印家請教，有的先後來往無數次，歸國後廣爲傳播。其中尤以河井荃廬最爲著力，他本人精通金石學、文字學、書畫鑑識等，並將與印有關的中國文化輸入，編輯出版有《書苑》期刊、《南畫大成》等叢書，使日本篆刻界產生了一個劃時代的變化，他的篆刻作品，雖師於吳昌碩，但能自成一格，有雄勁、清雅之風。現代日本篆刻界都基本承襲他們的遺風。從《墨林今話》中也寫到木下相宰的水墨造詣，與其他韓國人的工詩擅畫。可看出明治年間的中日書畫交流影響，是非常廣泛且深遠的。

日本民族是一個勤勞、智慧、勇於上進的民族，有他們自己的文化歷史、風俗習慣與審美風尚，加之明治以後，實行了改革開放的維新政策，在汲取漢唐文化的同時，也大量吸取了近代歐美的科學文化精神。這三者的結合，從而構成以日本民族文化爲主的藝術風格。在篆刻藝術方面，雖然有不同的師承面貌，但其共同的特點是，章法較爲考究，精於安排，篆書的用筆與用刀都較爲豪放，刀鋒凌厲，很富有個性。

從這一段中國與日本篆刻藝術，互相影響的傳承歷史可以明顯得看出，它與中國的篆刻歷史有的緊密的關係，同時各期間中，又各有不相同的面貌，延續著中國對日本篆刻的影響，累積出來非常多的歷史資料與交往紀錄，在這樣的友好交誼下，造就出非常優秀的作品，收穫的成果也非常的豐碩。

第七章　結　論

明治以前中日的篆刻交流活動已有很長的發展歷史。首先是上古時代漢印的傳入。從漢光武帝建武中元二年（57 年，日垂仁天皇八十六年）賜以日本倭奴國王使者「漢倭奴國王」金印伊始，印章在日本的歷史上拉開了序幕。日本的篆刻印章出現也同中國一樣，起源於官印制，並模仿了隋、唐的官印制度。禪宗的興隆與宋元私印的移植，則是繼起的影響。日本至平安時代後半葉，依據律令而使用官印的制度隋漸衰微下來。公私印章的使用也退避三舍，新興的花押起到了印章的作用。部入鐮倉時代以後，依然採用這種舊制，雖說官印及公私印仍在使用，但只不過是一種古老習慣的延續而已。而另一方面，與中國大陸的交往越發活躍，與此同時，中國宋元時代新穎的印章樣式也蜂擁的傳入日本。

至日本鐮倉、南北朝（1185～1336）時有室町時代私印的流行，禪宗僧侶之間使用司印已經成爲普遍的習慣。即使到了室町時代以後，東渡到日本的禪僧雖不如前代那樣頻繁，但從這個時代僧侶墨跡所用的私印中，卻能看到許多是受中國元、明時代印章風格影響的白文或朱文小印。

明朝滅亡之際（1644 年，日寬永二十一年）之際獨立與心越禪師東渡日本，從中國流寓日本的移民不少。日本正保至元祿（1644～1688 年）間，鎖國政策的禁令有所緩和，終於打開了長崎開放的門戶。從而，中國的新文化接連不斷地傳入日本。日本的文人學者們也一味地崇拜中國的學問藝術，並致力於汲取其精華。在這種狀態下，篆刻藝術也由東渡的明清僧人傳入日本。

日本的篆刻篆刻初期分爲幾個重要流派，一、初期江戶派，二、初期江戶派的餘風，三、初期浪華派，四、長崎派，五、京都、大阪的今體派，六、高芙蓉流派。由上述的幾項日本篆刻的歷史演進與成因，可以瞭解在明治前，篆刻藝術就已經在日本有相當中要的地位。在受中國長期的影響下，參與日本篆刻家創作的變化，其實已經有獨特的面貌。也可以在這一段歷史中看出，他們對篆刻藝術的喜好與努力。

一、明治時代中日兩國間交流火花與時代貢獻

在中日甲午戰爭之後，在明治維新時推揚西方文明的日本人看來，中國已經老朽，任人宰割，並無可取。因此，朝野上下對中國都抱持著一種鄙夷不屑的態度。但文化人卻並非如此。長久接受中國古文化的薰染的漫長歷史，使日本的文人們對中國那些學富五車的宿儒們不敢稍有怠忽。這一點，從明治時代大批書畫家文人赴華拜師求藝，和羅振玉、楊守敬在日本的被敬爲上賓的事實中即可見出端倪。中國第一流的文人赴日，在日本受到的歡迎是無法想像的熱烈，日本人以學術交流、公務、個人目的等種種理由赴中國，與中國文人交流往還的事例，更是舉不勝舉。

從清光緒六年（1880 年，日明治十三年）楊守敬訪日開始，到民國三十四年（1945 年，日昭和二十年）日本篆刻家河井荃廬過世爲止，這之間中國與日本篆刻間的影響，可以說是息息相關連。這段明治到昭和時期間的中日影響與交流，以中國書人與篆人影響日本方面爲居多。

（一）中國方面

●楊守敬

楊守敬在日本的這幾年間，遍訪各古書肆，把一大批珍貴的孤本珍本買回中國。從日本的角度來說此事，這當眞是一種流失。楊守敬精於地理之學，於書籍典志本非專長。抵達日本後，閑散家居，在最初並無公使館的正式差遣，一切均由公使何如璋關照，每日與巖谷一六、日下部鳴鶴等往返。此時的日本處於維新歐化的熱潮中，漢學一類書籍無人問津，故楊氏見此狀，欣喜的想要收購。但礙於當時他並沒有足夠的金錢，所以每次發現珍本孤版時，就硬記強憶，回館後分類記錄並裝訂成冊。當時他題名爲《日本訪書志緣起例條》，並給當時的大使黎庶昌看，之後他們集結當時的文人學者一同收集古書，成就了後來的《古逸叢書》。這一例子，說明兩國間的往來，並非單一，楊守敬攜去的中國碑版爲日本書法界注入了新的血液，改寫了往後的日本書

道史，同時他在日本所蒐集的古書也塡補中國書學中缺失的一塊寶地，這樣一來一往的交流往來，或許在之中有得有失，但以長遠的歷史眼光來看，對兩國來說不但沒有缺失，相反的其貢獻是非常遠大的。

●吳昌碩

自中日甲午戰爭以來，直到明治三十年（1892 年，光緒十八年）之際，日本書法篆刻界形成了一股訪問吳昌碩的時風。以吳昌碩爲中心，則形成了一個私人留學拜師的日本文人圈子。河井荃廬也是看到了日下部鳴鶴持歸的吳昌碩書畫篆刻，傾倒於吳氏印風，遂寫印給吳昌碩，並附上印稿乞正。而吳昌碩的回信不止有批正的意思，還有邀請訪華並自刻印稿示範等一系列內容。於是亟欲謀訪中國。三年以後，遂與書店文求堂老闆田中慶太郎一同赴華，終得遂願。而他們回國之後，亦因爲有這樣一層關係而在日本獲得殊榮。這些都是必然的。

（二）日本方面

●日下部鳴鶴與山本竟山與楊守敬的日中師生情懷

楊守敬與日下部鳴鶴是在日本的交結的摯友，日下部鳴鶴比他年長兩歲。回國之後楊守敬與日下部鳴鶴仍然鴻雁往返，未見須臾釋懷。史載楊守敬曾有一卷臨定武《蘭亭序》，並有一段十分有趣的長拔：

> 去年癸醜在上海見文衡山書草蘭亭，未署時年九十。想此老以年過高，不耐臨摹，故爲此應友人之求。去發癸醜，日本岸田君亦囑我書此序屏幅，字大如掌，亦不復規矩右軍。今來燕京，而吾眼越昏尤不耐小字，而岸田以手卷來復求餘書此序。並約不論行款，不拘體格，餘以爲只書其文，何必蘭亭？因在上海曾見臨川李仁庵所藏孫退谷五字損本眞定武，背臨之。粗頭亂髮，唐突右軍，岸田君持以示吾老友日下部鳴鶴，知吾頹唐之狀若此。而朦朧之中，遺貌取神，或可猶爲我曲護也。甲寅六月六日宜都楊守敬記，時年七十有六。〔註 1〕

〔註 1〕陳振濂：〈楊守敬新談——兼及山本竟山〉，《維新——近代日本藝術觀念的變遷——近代中日藝術史實比較研究》，第 138～139 頁，2006 年 10 月，浙江，浙江古籍出版社。

在楊守敬的此卷臨本之前，還有吳昌碩《定武遺風》一併錄出以存文獻：

> 楊惺吾守敬博學宏才，精研金石碑帖古今書法，無所不通。此卷爲岸田君背臨定武蘭亭五字不□損本，不拘形似，深契古人之神，非老手安能如此乎？吳昌碩俊題卷首四篆字，精妙絕倫，洵可謂雙璧矣。二家皆予海外之益友也，畏友也。而惺吾客歲已歸道山，君其寶愛焉。大正丙辰十月下澣跋於清閑堂南軒。鶴叟東作時年七十有九。

以一卷蘭亭臨作而系楊守敬、吳昌碩和日下部鳴鶴等人，以可謂是中日書法交流史上的一件風雅事跡。而日下部鳴鶴對楊守敬也情志甚篤，他對楊守敬的晚年有兩件大事可稱道後世。

一是辛亥革命時，各地戰事蜂起，楊守敬是清廷官吏，自難保身。於是從武昌赴上海避難，而以他曾爲駐日外交官的緣故，將在武昌的藏書委託日本駐上海總領事館代行保存。而他避居上海時，因爲財產俱失，一時困頓潦倒，這時犬養毅、岩波小波、德富蘇峰、田口米舫會同日下部鳴鶴一起，發起募捐活動——委託各書家揮毫，將揮毫的潤筆費全數寄往上海，以救楊守敬的困頓生活。這種自發的行動，恐怕亦是兩國文人交往中難得見到的壯舉，也可看出日本的文人學者，非常珍惜這一位中國一代的書壇泰斗。又以楊守敬曾赴日三年，在日本人緣極好，把之看作是中國與日本書法家們息息相通以君子相交的範例，恐亦不爲過分。楊守敬本人並無明確的政治態度，但革命一起，政局動盪，個人生活受到嚴重影響是事實。賴有這批異國朋友相助，亦可謂是知音之甚矣。

二是大正四年（1915 年，民國四年）1 月，楊守敬去世。中國方面因爲還是軍閥混戰，故而誰也不會去管一個遺老的身後事。但楊守敬的學生山本竟山，卻會同日下部鳴鶴諸公，在遙遠的京都爲他舉行追悼會。地點是京都圖書館樓上。並同時舉辦楊守敬遺墨展覽，還有演講會。山本竟山所親交的不僅是楊守敬、羅振玉，還有吳昌碩。當他回國後，一方面是往來於兩國之間，不斷收集到許多名家書跡和古碑拓。另一方面則傳遞中國信息，逐漸也形成了自己的活動圈子，並成爲關西書法界的重鎮。

從師事日下部鳴鶴，到赴中國投拜楊守敬門下，再在日本爲楊守敬奔波，到組織平安書道會，出版字帖，出版名作，是一個從學習到自立的書家成長道路的典型。這是一個日本書法家受惠於中國老師又反過來報達中國老師的典型。他不像日下部鳴鶴之於楊守敬，一則兩人是平輩，二則雙方都有官方身分。山本竟山沒有官方身分，他回報老師也採用民間的辦法——學術化的追悼會和自願結合的募捐會。但我認為這種方式可能更使人感動。正當中國被強敵欺凌、內亂頻起之時，有這樣的異國赤子在為中日書法交流出力，還有甚麼比這更寶貴的呢？

●長尾雨山與中國書壇、雅集的交流影響

明治三十六年（1903 年，清光緒二十九年）舉家移居上海，擔任商務印書館的編輯顧問，指導教科書的編輯，在編輯部編輯教科書約十餘年。早在他剛入西泠印社之時，就有心從事兩位日本社員，另一位為河井荃廬。河井荃廬是明治、昭和時代日本印壇的領袖，又以與吳昌碩的師生關係，向來為人注目。雖長尾雨山原因，據說是由於「教科書事件」。但他一到中國，進入商務印書館這個中國最大的權威出版社，並執掌編譯之後，不但於編譯業務建樹甚多，而且也還關心國計，好建言以軍事教練為學校正課設置、改革農業技術等等。並成立詩社，廣邀詩友。我想，長尾甲與吳昌碩的關係，應該是從詩社中來的。他不攻篆刻，書畫也僅僅是愛好而已，但吳昌碩卻為他刻了好幾方「無悶」印，足可見交情莫逆。吳昌碩喜為詩，與長尾雨山以詩交，應該是最有可能的。但長尾雨山留存至今的史料極少，因為當時正值二次世界大戰（1939～1945 年），許多珍貴的資料都化為烏有。遂使一代英傑的蹤跡不能得窺全貌，實在是中日了國近代交流史上的一大憾事。西泠印社孤山上，有長尾雨山所題「印泉」一石。在中國，除了《西泠印社志稿》上載有他的大名之外，這一方石壁刻書，可以說是他最重要的遺跡了。但我想不僅限於此。商務印書館的館史資料中，應該也有他的記載。至少吳昌碩，《缶廬印存》中的「無悶」印，也標示了兩人交往的莫逆。也許有些資料口耳相傳，今天事過境遷，已經很難再收羅到手了。但我相信關於長尾雨山與商務印書館、吳昌碩、西泠印社間，總還有許多待發掘的新課題等著我們去做。

●河井荃廬——吸收中國養分並開啓日本近代篆刻新貌

河井荃廬（1871～1945），在中國西泠印社創社之初，河井仙郎就已是西泠印社的海外社員。但河井荃廬同長尾雨山一樣，其資料大多都毀於二次世界大戰中，他也在戰爭末期昭和二十年（1945 年，民國三十四年）三月十日東京大空襲時身亡，而河井家的重要文獻史料也化為灰燼。要想要理想的作史料排比，別說中國人，即便是日本人也是難以措手。河井荃廬與西泠印社的關係，除他拜師吳昌碩與撰《西泠印社記》之外，其他還有一些逸事，如他少年時曾摹寫《二金蝶堂印稿》四冊，又摹《名人印集》數冊，赴華時曾請王福庵過目。王福庵深爲驚嘆，爲賦詩以讚。此外，他因吳昌碩的關係，與吳隱過從甚密。吳隱以西泠印社名義出版《印學叢書》，其中沈從先《印談》與董洵《多野齋印說》，即是向河井荃廬借所藏舊本上梓的。

河井荃廬早在京都時代，即與三井聽冰閣主人，三井高堅、源右衛門家有交往。移居京都之後，幾乎就寓居三井府上，爲三井家藏品作鑑定和收集諸事。三井聽冰閣藏古拓本，是日本規模最大而且最精的，沒有河井荃廬這樣專家坐鎮，恐怕是很難以如願的。河井荃廬在大正、昭和前期，也還是書畫、篆刻界的活躍人物。比如他爲東方書道會中的長老。在昭和五年（1930年，民國十九年）日本書道振作會和戊辰書道會合併爲泰東書道院並舉辦展覽時，他與比田井天來一起，被列名爲審查故問。他帶給日本書道、篆刻界的影響，與他到中國交流時吸收的養分，是密不可分的。

●中日間的雅集活動：

長尾甲在中國時，常與中國的文人舉行雅集活動。回國後，繼續保留了他與中國文人的傳統活動，把這樣雅集活動的習慣帶回日本。雅集活動有 1、壽蘇會，共計五回，這五次的時間分別：

第一回：大正五年（1916 年，民國五年）	1 月 23 日
第二回：大正六年（1917 年，民國六年）	1 月 12 日
第三回：大正七年（1918 年，民國七年）	1 月 31 日
第四回：大正九年（1920 年，民國九年）	2 月 8 日
第五回：昭和十二年（1937 年，民國二十六年）	1 月 31 日

2、赤壁會，時間爲大正十一年（1922 年，民國十一年）。3、蘭亭紀念會，時間爲大正二年（1913 年，民國二年），當時在日本方面，東京舉辦了七日，京都舉辦了九日，西泠印社舉辦九日，從「蘭亭紀念會「中可以看出當時中國的西泠印社和日本交往得非常密切。

筆談、書信、日記：

日下部鳴鶴與楊守敬間的交往，使於楊守敬來日的明治十三年（1880 年，清光緒六年）。當時日下部鳴鶴、松田雪柯、巖谷一六三爲大家同時去拜訪楊守敬，並借觀了許多楊守敬攜來的古碑帖、拓本、古印及鏡銘等，於是眼界大開。但當時相互間是如何討論書法並接受北碑書風的？許多研究文章只記載其間的交往事實，卻很少涉及細節。由於雙方語言不通，因此只能用筆談方式。於是，也就爲我們留下了許多筆談的原件記錄。日下部鳴鶴曾自己整理並誊抄過一部份。以後則由日本書道教育學會編成《八稜研齋隨錄》，是很正規的抄本。而還有一些眞跡，則是原始資料。在本論文所收集的筆談中，楊守敬在「藏鋒」問題上表現出來的判斷力與理解力，以及對古典精髓的洞察能力，顯然比《書學邇言》式的敘述更具有魅力。在日本的一些書籍上，發現他們每每對這些筆談資料極其重視，標點註釋、分類排比，必欲求全而快，過去很不理解，現在則稍有所悟。一是有個具體環境，不必抽象的議論空洞無物，而是有血有肉，二則所論因爲有對手，故力求切實明瞭，不作昏昏老生常談，三則是隨手寫來，思想也是自由馳騁，不必編全集時的必須正襟危坐、言必有據動必有則，反見得枯燥乏味。

明治時代中國書家赴日，與日本書家的筆談資料大都被留在日本。而日本書家如中林梧竹、北方心泉、日下部鳴鶴、山本竟山等赴華，與中國書家之間肯定也有許多筆談。但這些筆談書信或被日本書家帶回日本，或當時即被丟棄，未作妥善保存，時世久隔，自然已查無蹤跡。這是很可惜的，在中國從未聞有某世家所藏與日本書家筆談被發現、被整理的消息。想必材料不易覓得。以下有關筆談資料，較有名的有以下幾種：

1.《八稜研齋隨錄》〔註 2〕：楊守敬與日下部鳴鶴等等筆談，鳴鶴抄謄本。
2.《八稜研齋隨錄》〔註 3〕稿本影印帖。
3.《楊守敬書禮并筆談卷》〔註 4〕。
4.《楊守敬與山本竟山筆談》〔註 5〕。
5.《清國公使與宮島栗香筆談》〔註 6〕。
6.《何如璋、黃遵憲與宮島栗香筆談》〔註 7〕。
7.《黎蒓齋與宮島栗香筆談》〔註 8〕。

〔註 2〕日下部鳴鶴：《八稜研齋隨錄》，1969 年，日本書道資料株式會社出版。
〔註 3〕日下部鳴鶴：《八稜研齋隨錄》一冊。
〔註 4〕《楊守敬書禮并筆談卷》，宮島家所藏，一卷。
〔註 5〕《楊守敬與山本竟山筆談》共三十五頁。
〔註 6〕《清國公使與宮島栗香筆談》，1878 二月。
〔註 7〕《何如璋、黃遵憲與宮島栗香筆談》，1881 年。
〔註 8〕《黎蒓齋與宮島栗香筆談》，明治十五年。

8.《清國使節何、黃與宮島栗香筆談》。

9.《黎庶昌與宮島栗香筆談》。

10.《張導岷與宮島栗香筆談》。

11.《日清名家交游書帖》〔註 9〕二冊。

12.《清客筆談》：楊守敬與森立之筆談及黎庶昌、姚文棟與森立之筆談。當然還有許多，爲能詳列。楊守敬不但與日下部鳴鶴有筆談存世，與他的學生山本竟山也有許多筆談原件被存藏至今。如果說與日下部鳴鶴的談話是客居日本時兩國書壇大師的交流，與山本竟山的筆談則是師徒之間的交流。這些珍貴的資料都是，見證這一段輝煌交流史，功不可沒的重要功臣。

二、以書學爲中心的交流時代意義

以羅振玉亡命日本及與日本書家學者的交往爲例

羅振玉在日本是久居京都，交遊的則是京都圈內的文人學者，如京都大學教授狩野直喜、內藤湖南，居住京都的富岡鐵齋，歸國後長住京都的長尾雨山等。羅振玉是一代學術泰斗，特別是精於考證金石之學，於甲骨文研究有獨到貢獻。他長住在日本這九年間，以其實證式風采，傾倒東瀛諸子。遂在京都（以京都大學爲中心）持續形成一個追隨清季考據實證學術風的中心。後世所謂的「京都學派」，即是指這種大影響而言。鐵齋雖是藝術家而不是道地的學者，但也常以詩乞教。至於其他，可以說是盡入殼中。由於羅振玉與東京的書學者往來不多，在京都卻是從者如雲，因此京都學派的結構十分清晰而純粹。羅振玉到日本時，曾攜去相當多的古董文物收藏品。以後則與鐵齋等名士相互探訪，以古畫和典籍觀賞爲樂。

到大正八年（1919 年，民國八年），他準備回國。京都大學教授以狩野直喜、內藤湖南爲中心，爲他發起舉辦的送別會。在京都洛東左阿彌，是年六月二十一日下午三點，以京都大學荒木校長和專程從東京趕來的犬養毅爲首，狩野、內藤、近田、濱田諸博士和京都名流共四十四人出席送別宴會。結束了這長達九年客居他鄉的僑寓生涯。但他也如楊守敬一樣，在身後留下了輝煌的足跡，至今還沾惠日本學術界匪淺。

〔註 9〕《日清名家交游書帖》，宮島家所藏。

民國前後，眞可說是中日書法交流的一個歷史時期，高潮迭起，精彩紛呈。在這一時期，既有爲楊守敬募捐的大活動，羅振玉（1866～1940 年）整理敦煌古文書木簡，中村不折（1866～1943 年）等翻譯康有爲（1858～1927 年）的《廣藝舟雙楫》，楊守敬追悼會等等，也有各種合作活動，如「岸田吟香紀念碑」，是由日下部鳴鶴書、楊守敬篆額、三島中洲文。「神田香岩先生瘞髯銘碑」，則是長尾雨山、羅振玉篆額、內藤湖南文。當然也有楊守敬爲岸田君臨蘭亭而由吳昌碩篆額，日下部鳴鶴作跋。這些都是中日書法家合作的好例。至於特殊的展覽，也有相當事跡可舉：

大正三年（1914 年，民國三年）廉南湖赴日，即攜去大量刻帖名畫，內有史可法、董其昌、包世臣的眞跡，曾由「法書會」主辦，在東京美術學校專門展出。大正五年（1916 年，民國五年），羅振玉居京都，爲籌集刻書資金，將所攜舊拓碑帖中的重要部分，在上野公園的韵松亭內作特別展覽。再比如大正二年（1913 年。民國二年）「健筆會」舉行第五次展覽，會場在上野的日本美術協會展場，同時還展出中國藝術家的贊助展品。長尾甲舉辦「壽蘇會」吳昌碩等也有作品參展。再加上大批日本書法家來華，其活動之多，名目之廣，實在是有史以來，從未有過的。

在中日書篆交流中，其包含的範圍相當廣泛，其中還包含不同時代但垂直性的影響，如昭和二十一年（1946 年，民國三十五年）一月，西川寧舉辦了「趙之謙逝世六十年展」，昭和二十九年（1954 年，民國四十三年）九月，西川寧在東京國立博物館舉辦「趙之謙逝世七十年紀念展」。無論是日本人舉辦中國書人的紀念展，或者垂直的印風、書風影響，都是此中日篆刻書法交流的意義與價值。但因研究的時間與空間有限，故所有在縱橫的時空中，發生的事無法一一詳細的說明，但這樣巨大的交流，不僅在當時兩國的書界帶來震撼，也一直透過展覽、教學等其他方式，繼續延伸其交流的意義，賦予這段歷史永無停止的生命。

三、清末民初中日篆刻交流的價值意義歸納

1. 楊守敬所攜帶的碑版金石，爲日本書法篆刻界注入新血。
2. 日下部鳴鶴開啓日本近代書法的發展，他的金石學識，落實了中國六朝風尚（格）的書法以及金石學，在日本書法史上，有相當重要的地位。

3. 吳昌碩印風對於日本篆刻界的啓發與影響。
4. 山本竟山的遊訪中國，豐富了中日書篆交流、金石碑版買賣的歷史。
5. 長尾雨山傳入日本的中國雅集風尚，爲兩國的文化交流寫上珍貴的一頁。
6. 河井荃廬開啓現代日本的篆刻，喜愛中國篆刻風格，將中國穩健的篆刻風格注入日本，爲日本現代篆刻劃開展新的局面。
7. 書籍出版及買賣金石碑版等，在兩國間的互相流動中，激發出不可抹滅的火花，爲中日書學交流的軌跡留下珍貴的歷史資料。
8. 在後人陸續辦的展覽中，延續中日書篆交流的生命，讓交流不僅是時間的橫向，而是用時間垂直的方式繼續影響後代。

四、清末民初中日篆刻交流研究的展望

本論文研究的範圍是以清末民初，日本篆刻家與中國書人、篆人的交流爲背景，所以無法詳細的寫到日本整體明治時期的篆刻史的變遷。在這篇清末民初中日篆刻交流的考察研究下，收集了許多這時期相關的人物資料，與其中的書信、日記、筆談等等，希望藉由這些資料更能夠清楚當時交流的面貌，而在這樣的背景下，日本的篆刻家不遠千里來到中國學習，或者日本的書篆家遠赴日本訪問、工作等等因素，中日的篆刻藝術交流就在這樣的環境下，漸漸的展開，並且爲日本書法界注入了新的血液。

在這次的清末民初中日篆刻交流的考察研究過程裡，因爲沒有先行發表過相關的論文，所以已整理好的資料也比較少，所以在資料的蒐集或分析討論等等也較爲費力，需要更多的時間力量，但另一方面也因爲這樣的研究，讓筆者收益良多，也更加清楚今後該研究的方向。

目前除了，這塊考察研究的初步成果外，還有更多關於中國日本與台灣篆刻交流方面的議題，故筆者認爲有必要做更進一步的研究與探討，這個研究的領域因爲是第一次進行分析研究，還有很多不清楚的部分，但是以這次研究的結果作爲基礎，相信將有助於往後的繼續研究，期許這方面的交流歷史能夠繼續深入發展。

參考書目

印譜類：

1. 小林斗盦：《篆刻全集 8 中國〈清〉吳昌碩》，2001 年 1 月 31 日初版，東京，株式會社二玄社出版。
2. 小林斗盦：《中國篆刻叢刊 第三十二卷 清 26 吳昌碩一》，昭和 56 年 4 月 20 日第一版，東京，株式會社二玄社出版。
3. 小林斗盦：《中國篆刻叢刊 第三十三卷 清 27 吳昌碩二》，昭和 56 年 4 月 20 日第一版，東京，株式會社二玄社出版。
4. 小林斗盦：《中國篆刻叢刊 第三十四卷 清 28 吳昌碩三》，昭和 56 年 4 月 20 日第一版，東京，株式會社二玄社出版。
5. 小林斗盦：《中國篆刻叢刊 第三十五卷 清 29 吳昌碩四》，昭和 56 年 4 月 20 日第一版，東京，株式會社二玄社出版。
6. 小林斗盦：《中國篆刻叢刊 第三十六卷 清 30 吳昌碩五》，昭和 56 年 4 月 20 日第一版，東京，株式會社二玄社出版。
7. 松丸東魚：《再續荃廬印譜》，昭和 48 年 4 月發行，東京，株式會社白紅社。
8. 關 正人：《缶翁印痕》，平成 13 年 2 月 10 日發行，扶桑印社。
9. 小林斗盦：《篆刻全集 10 日本〈奈良——昭和〉大和古印——河井荃廬、中村蘭臺、他》，2002 年 1 月 31 日初版，東京，株式會社二玄社出版。

一般書籍類：

1. 書學書道史學會：〈日下部鳴鶴〉：《日本．中國．朝鮮／書道史年表事典》，2005 年 10 月 1 日初版，東京，株式會社萱原書房出版。

2. 韓天雍：《日本篆刻藝術》，上海書畫出版社。
3. 高畑常信：《日本的篆刻》，西泠印社出版社。
4. 陳振濂：《現代日本書法大典》，2000年2月第一版，河南美術出版社。
5. 西泠印社：《西泠印社百年史料長編》，2003年10月第一版。
6. 西泠印社：《西泠印社百年圖史》，2003年10月第一版。
7. 劉江：《篆刻金石賞析》，1995年5月初版，台北，書泉出版社。
8. 黒須雪子：〈日本の書 維新——昭和初期〉，2008年12月20日初版，東京，二玄社。
9. 近藤高史：《明治、大正、昭和書道史年表》，昭和60年3月20日初版，東京，圖書出版木耳社。
10. 河野 隆：《篆刻まるわかりハンドブック》，2005年1月30日初版，東京，株式會社平河工業社。
11. 篆刻美術館：《河井荃廬展》，平成7年9月23日初版，古河市，篆刻美術館出版。
12. 蘇友泉：《吳昌碩生平及書法篆刻藝術之研究》，民國83年4月初版，台北，蕙風堂出版。
13. 加藤慈雨樓：《璽印精華 官印篇》，昭和50年5月3日初版，京都，藤井齋成會出版。
14. 有鄰館學藝部：《有鄰館精華》，平成4年5月10日再改訂版，京都，藤井齋成會出版。
15. 西川寧：〈河井荃廬的篆刻〉，1978年5月15日初版，東京，株式會社二玄社。
16. 楊守敬：《書學邇言》，1974年4月初版，台北，藝文印書館。
17. 王佩智：《西泠印社舊事拾遺（1949～1962）》，2005年10月第一版，杭州，西泠印社出版。
18. 王佩智：《西泠印社摩崖石刻》，2007年12月第一版，杭州，西泠印社出版。
19. 谷村喜齋：《西泠印社展》，1988年，讀賣新聞社出版。
20. 陳永怡：《近代書畫市場與風格遷變：以上海爲中心（1843～1948）》，2007年4月第一版，光明日報出版社。
21. 王中秀、茅子良、陳輝：《近現代金石書畫家潤例》，2004年7月第一版，上海書報出版社。
22. 日下部鳴鶴：《鳴鶴翁三体千字文》，昭和62年12月20日，東京，文海堂。
23. 雷志雄：《日本金石舉要》，1998年9月，湖北美術出版社。

24. 雷志雄：《日本墨跡舉要》，1998 年 9 月，湖北美術出版社。
25. 劉正誠：《中國書法鑑賞大辭典》，香港，旺文出版社。
26. 吳天任：《楊惺吾先生年譜》，民國六十三年十一月初版，台北，藝文印書館。
27. 商務印書館香港分館：《藝林叢錄第一編》，1961 年 9 月，香港，商務印書館香港分館。
28. 蔣寶齡：《墨林今話》，民國六十四年八月初版，台北，學海出版社。
29. 韓天衡：《天衡藝談》，1996 年 3 月，天津古籍出版社。
30. 光村圖書出版株式會社：《徐三庚と日中の書法交流展——秋山白巖．西川春洞．初世中村蘭臺を中心として》，2011 年 1 月 11 日，東京，謙愼書道會出版。
31.《印學論談》，1993 年 10 月，浙江省新華書店發行。
32. 葉一葦：《中國的篆刻藝術與技巧》，1993 年 7 月，北京，中國青年出版社出版。
33. 郁重今：《西泠印社社員印集》，1986 年 7 月，西泠印社出版。
34. 林乾良：《印迷叢書》，1999 年 11 月，西泠印社出版。

論文類：

1. 西泠印社：《印學論叢》，1987 年 7 月第一版，上海，西泠印社出版。
2. 范迪安：《文化傳承與形式探索——中國美術館篆刻理論研討會文集》，2006 年 12 月第一版，河北教育出版社。
3. 西泠印社：《西泠印社國際印學研討會論文集》，1998 年 9 月第一版，西泠印社出版。
4. 林鵬程：《「孤山證印」西泠印社國際印學峰會論文集》，2005 年 10 月第一版，杭州，西泠印社出版。
5. 楊梅吟：《吳昌碩印風與晚清中日書法篆刻藝術交流發展》，台中，東海大學美術學系。
6. 書論編輯室：《書論　第三十號——特集　西泠印社》，1998 年 4 月 30 日發行，京都，書論研究會。
7. 上海市書法家協會：《海派書法國際研討會論文集》，2008 年 12 月第一版，上海，上海書畫出版社出版。
8. 李慶：《東瀛遺墨——近代中日文化交流稀見史料輯注》，1999 年 5 月第一版，上海，上海人民出版社。
9. 香取潤哉：《「昭和書豪」山本竟山——日本治臺時期旅臺書家研究》，2006 年 7 月。

10. 文物出版社編：《第五屆中國書法史論國際研討會論文集》，2002年8月，北京，文物出版社出版。
11. 文物出版社編：《第三屆中國書法史論國際研討會論文集》，1998年，北京，文物出版社出版。
12. 文物出版社編：《中日書法史論研討會論文集》，1994年，北京，文物出版社出版。
13. 李郁周：《一九九五年書法論文選集》，中華民國八十五年，元月一日，蕙風堂筆墨有限公司出版。
14. 陳振濂：《維新——近代日本藝術觀念的變遷——近代中日藝術史實比較研究》，2006年10月，浙江，浙江古籍出版社。
15. 陳振濂：《近代中日繪畫交流史比較研究》，2000年10月，合肥，安徽美術出版社。
16. 篆刻美術館：《西川寧篆刻展》，2002年，篆刻美術館出版。
17. 孫慰祖：《可齋論印三集》，2007年8月，上海，上海辭書出版社。

雜誌、季刊類：

1. 《墨雜誌第八號》：〈篆刻入門　技法とその魅力〉，2004年8月15日第五版，東京，藝術新聞社出版。
2. 《墨雜誌第113號——3．4月號》，1985年4月1日，東京，藝術新聞社出版。
3. 《墨雜誌四月臨時增刊》：〈篆刻的鑑賞和實踐〉，1995年4月5日，東京，藝術新聞社出版。
4. 《墨雜誌第114號——5．6月號》，1995年6月1日，東京，藝術新聞社出版。
5. 《近代日本の書》，1984年4月21日，東京，藝術新聞社出版。
6. 《近代中日書法交流史を担った人》，平成17年10月25日，德島縣立文學書道館。
7. 《墨雜誌第110號——9．10月號》，1994年10月1日，東京，藝術新聞社出版。
8. 《墨雜誌第45號——11月號》，1983年11月1日，東京，藝術新聞社出版。
9. 《墨雜誌第63號——11月．12月號》，1986年11月1日，東京，藝術新聞社出版。
10. 《書道第二號》，1955年2月15日。
11. 《書道第六號》，1955年6月15日。

12.《書道第九號》，1955 年 9 月 15 日。
13. 日本篆刻社編：《季刊：篆刻第四輯》，昭和 59 年 1 月 20 日，東京，東京堂出版。
14. 日本篆刻社編：《季刊：篆刻第十三輯》，昭和 61 年 4 月 10 日，東京，東京堂出版。
15. 日本篆刻社編：《季刊：篆刻第三十一輯》，平成 2 年 10 月 20 日，東京，東京堂出版。
16. 書論編輯室：《書論　第三十號——特集　西泠印社》，1998 年 4 月 30 日發行，京都，書論研究會。
17. 書論編輯室：《書論　第五號》，1974 年 11 月 25 日發行，京都，書論研究會。
18. 書論編輯室：《書論　第十一號》，1977 年 11 月 30 日發行，京都，書論研究會。
19. 書論編輯室：《書論　第十四號》，1979 年 5 月 31 日發行，京都，書論研究會。
20. 書論編輯室：《書論　第二十六號》，1990 年 9 月 18 日發行，京都，書論研究會。
21. 書論編輯室：《書論　第二十九號》，1993 年 12 月 31 日發行，京都，書論研究會。
22. 書論編輯室：《書論　第三十一號》，1999 年 5 月 20 日發行，京都，書論研究會。
23. 書論編輯室：《書論　第三十二號》，2001 年 3 月 31 日發行，京都，書論研究會。
24. 書論編輯室：《書論　第三十三號》，2003 年 11 月 30 日發行，京都，書論研究會。
25. 書論編輯室：《書論　第三十四號》，2005 年 4 月 1 日發行，京都，書論研究會。
26. 書論編輯室：《書論　第三十五號》，2006 年 10 月 1 日發行，京都，書論研究會。
27. 書論編輯室：《書論　第三十六號》，2008 年 8 月 23 日發行，京都，書論研究會。
28.《書譜》編輯委員會：《書譜》雙月刊／第七卷，1981 年 10 月第五期，香港，書譜出版社。
29.《書譜》編輯委員會：《書譜》，1987 年第五期，香港，書譜出版社。
30.《書譜》編輯委員會：《書譜》，1987 年第二期，香港，書譜出版社。

31.《書譜》編輯委員會：《書譜》，1988 年第六期，香港，書譜出版社。
32.《書譜》編輯委員會：《書譜》，1989 年第六期，香港，書譜出版社。

附錄一：清末民初中日篆刻大事對照年表

年代			中日篆刻略年表		註
西元	日本	中國	日本	中國	
1868	明治 1	同治 7（戊辰）	・日本廢除流佈甚廣的御家流書法，重新流傳唐樣書法。 ・2 月以後，山中信天翁、橫井小楠、小野湖山、江馬天江等人奉命任太政官之職。 ・4 月，中村水竹委任爲「印司」，掌管鐫刻諸官廳之印。 ・11 月，安部井櫟堂被委任爲「印司」。 ・十河節堂（1795～）卒。		・7 月，江戶改稱爲東京。 ・日本戊辰戰爭。
1869	明治 2	同治 8（己巳）	・5 月，中村水竹辭去「印司」之職，取號九翁。 ・12 月 23 日，吉村鷙原（1799～）卒。		
1870	明治 3	同治 9（庚午）	・12 月，岡本椿所（～？）生。 ・5 月，小曾根乾堂石刻「大日本國璽」。	・吳讓之（1799～）卒。	

年代			中日篆刻略年表		註
西元	日本	中國	日本	中國	
1871	明治 4	同治 10（辛未）	・河井荃廬生（～1945）。 ・4 月 2 日，金本摩齋（1830～）卒。 ・全權總理大臣伊達宗城，複使柳原前光爲締結中日條約赴中國清朝，小曾根乾堂、長三洲等爲隨員。 ・10 月 22 日，壬生水石（1790～）卒。 ・12 月 7 日，鐵翁（1791～）卒。 ・西村孝藏編《古村印賞》二集。 ・金本摩齋刻《摩齋印譜》。 ・小石元瑞自用印印箋卷《藝圃余芳》鈐印稿本。		
1872	明治 5	同治 11（壬申）	・1 月 6 日，中村水竹（1870～）卒。 ・4 月，久野菘年（1821～）卒。 ・中村水竹刻《水竹丹篆》。 ・趙陶齋刻，文石堂刊《趙息心印譜》。 ・賴山陽私印譜，亦稱《山陽印影》鳩居堂刊行。 ・畏三堂刊《賴山陽印譜》。 ・《貫名菘翁私印譜》亦名《菘翁先生印譜》刊行。	・吳昌碩隨友人赴上海，得識畫家高邕之。	

年代			中日篆刻略年表		註
西元	日本	中國	日本	中國	
			·《寒鐵士印賞》亦名《藤本鐵石私印譜》刊行。		
1873	明治 6	同治 12（癸酉）	· 春，小曾根乾堂、秦藏六拜命制御璽、國璽金印。 · 9 月，小曾根乾堂辭去「印司「之職。 · 10 月，安部井櫟堂奉命刻御璽。 · 細川林齋（1815～）卒。 · 鐵翁刻，成瀨石痴編《鐵翁印譜》。 · 石井雙石生。	· 何子貞（～1799）卒。	
1874	明治 7	同治 13（甲戌）	· 日下部鳴鶴及巖谷一六向安田老山學中國文人畫。 · 5 月，安部井櫟堂基於小曾根乾堂設計的章法，刻治完成了御璽、國璽金印。 · 6 月 20，江川閒云（1826～）卒。		
1875	明治 8	同治 14（乙亥）	· 2 月 3 號，熊谷醉香（1817～）卒。 · 大谷尊順編《四明閣印賞》。		
1876	明治 9	同治 15（丙子）	· 山中信天翁藏印譜《觀古圖譜》。 · 信天翁編《信天窩百印賞》。 · 中井敬所編《印譜略目》。 · 詩書畫會的盛行。 · 副島蒼海渡清。		

年代			中日篆刻略年表		註
西元	日本	中國	日本	中國	
1877	明治 10	光緒 3（丁丑）	・山本竟山師學於神谷簡齋。 ・1 月，中西笠山（1794～）卒。 ・行德玉江刻《風人余藝二編》。 ・瀧精一編《和亭印譜》。 ・石成金著《快樂印言》。 ・松田雪柯到東京與一六、鳴鶴密切交往。	・12 月，中國清朝第一任駐日公使何如璋赴日。	・日本西南戰爭。
1878	明治 11	光緒 4（戊寅）	・圓山大迂赴清，師從徐三更，主攻篆刻，學得雙刃法。 ・大谷光勝藏印譜《水月齋印譜》。 ・山田太古刻《靜如太古齋印譜》。 ・四世濱村藏六摹刻《晚悔堂印識》。 ・原田西疇刻《讀仙書屋印譜》。三條梨堂編《對鷗莊印賞》。	・楊守敬著《楷法溯源》刊行。 ・9 月，余元眉出任日本大清史館長崎總理事。	
1879	明治 12	光緒 5（己卯）	・山本竟山師學於小林長平。 ・巖谷一六與日下部鳴鶴開始研究古法。 ・1 月，土井聱牙爲行德玉江刻印譜《風人余藝用箋》作序。 ・1 月，中林梧竹透過林雲逵結識余元眉，學習六朝書風。 ・2 月 3 日，由松田雪柯發起「逑筆法堂清談會」。	・吳昌碩編成《篆雲軒印存》，攜往杭州，向其師俞曲園求教。	

年代			中日篆刻略年表		註
西元	日本	中國	日本	中國	
			・2月28日，「墨帖會」由巖谷一六、日下部鳴鶴、木村嘉平、矢土錦山等成立。 ・4月，山中信天翁編《帖史》。 ・6月19日，板倉槐堂（1822～）卒。 ・町田石谷遵從中井敬所、益田香遠及鑄金家加納夏雄之命，制作了「漢委奴國王「金印的三顆摹印。 ・吉川代二郎編《山陽印譜》。 ・青木榮次郎編《仿古戲鐵》。 ・小田詩山注《說文解字段玉裁注》、《渡邊華山印譜》鈐印稿本。 ・西島秋航刻《伴鷗樓印譜》。 ・日下部鳴鶴辭去官職，決定以研究書法爲生涯之唯一之事。		
1880	明治13	光緒6（庚辰）	・2月，淺野梅堂（1816～）卒。 ・3月27日，日下部鳴鶴與楊守敬第一次見面。 ・中林梧竹赴長崎，向清朝駐長崎領事余鑴（元眉）學書。 ・山本竟山師學於王鶴笙。 ・高田綠雨著《題款小式》。	・4月，楊守敬應何如璋之邀，攜帶萬卷碑帖日。 ・吳昌碩以「篆雲軒印存」向吳雲求教，吳雲爲刪除，更名爲「削瓢廬印存」。 ・吳昌碩作《與鐵老話舊》、《坐雲和鐵老》。	

年代			中日篆刻略年表		註
西元	日本	中國	日本	中國	
			・九世市川團十郎私印譜《梨云留影》刊行。 ・羽倉可亭刻《天潢清流》。 ・冢原三谷刻《痴鐫印譜》。 ・奧山金剛刻《賜金堂印稿》。 ・田口逸所刻《逸所樂事》。 ・中林梧竹赴清，師從潘存學習六朝書法。		
1881	明治 14	光緒 7（辛巳）	・5 月 24 日，松田雪柯因病返回家鄉。 ・9 月 3 日，松田雪柯（1822～）卒。 ・中井敬所編《旦評戲鐵》。 ・山本所有摹刻《板橋書帖》印譜。	・12 月，楊沂孫（1813～）卒。 ・12 月，吳熙載（1813～）卒。	
1882	明治 15	光緒 8（壬午）	・1 月，前田默鳳設立「鳳文館「。 ・鄉純造鑒藏，中井敬所校《松石山房印譜》刊行。 ・澀谷鐵司著《篆刻獨學》。 ・土橋魯軒編《篆刻字匯》、《六書通》。 ・圓山大迂編《學步庵印蛻》。 ・山本竟山師學於陳曼壽。 ・3 月，猶原陳政隨何如璋到中國留學。 ・8 月，中林梧竹到中國。	・2 月，黎庶昌最爲第二任公使赴日本，隨員有郭慶藩、陳允頤、姚文棟。	

年代			中日篆刻略年表		註
西元	日本	中國	日本	中國	
1883	明治 16	光緒 9（癸未）	・7 月，岩倉具視（1825～）卒。 ・9 月，安部井櫟堂（1808～）卒。 ・10 月，清朝大使館舉辦中日文人的雅集。 ・櫟堂刻《鐵如意印譜》。 ・中井敬所編《芙蓉先生遺篆》。 ・中村蘭台刻《蝸廬印譜》。 ・須原鐵二編《椿山印譜》。 ・北方心泉歸日（在中國 7 年）。		
1884	明治 17	光緒 10（甲申）	・5 月 29 日，岡千仞與任期已滿即將回國的楊守敬以即姪兒等人，從橫濱港一道乘船出遊中國。 ・10 月，猶原陳政，拜於杭州俞曲園的門下。 ・中林梧竹攜眾多的北碑碑帖回日本長崎，隨即赴東京。 ・橋本培雨刻《如此江山房印譜》。 ・梅西關秀著《篆鐫十二刀法訓解》鈐印稿本。 ・橋本培雨刻《晴耕雨讀行庵印譜》。 ・奧山金剛刻《小留處印存》。	・5 月，楊守敬離日回國，在日本四年中，收訪殘存日本的古籍，著《日本訪書誌》。 ・冬，黎庶昌因母過世回國，之後由徐承祖出任公使。 ・趙之謙（1829～）卒。 ・周星譽（1826～）卒。 ・陳介祺（1813～）卒。	

年代			中日篆刻略年表		註
西元	日本	中國	日本	中國	
			・益田香遠刻《香遠印草》。		
1885	明治 18	光緒 11 （乙酉）	・4 月，岡鹿門歸國。（在中國一年間與清朝許多文人雅士有交往）。 ・5 月 22 日，山中信天翁（1822～）卒。 ・8 月 22 日，福井端隱（1801～）卒。 ・前田默鳳赴華，研究金石學與書法。 ・11 月 27 日，小曾根乾堂（1828～）卒。 ・山口石室摹刻，北村文石堂刊《蘇氏印略》。 ・原田西疇編《土佐家印譜》。	・5 月，姚文棟因假期回中國，在日本舉辦送別餐會。 ・左宗棠（1812～）卒。	
1886	明治 19	光緒 12 （丙戌）	・2 月 8 日，鈴木風越（1816～）卒。 ・2 月 29 日，卷菱潭（1845～）卒。 ・10 月，黑木拜石（～？）生。 ・前田對山人刻《對山常印譜》。 ・新井卯吉編《長生印史》。 ・秋山白巖赴清，由岸田吟香介紹師事徐三庚。 ・園田湖城（～1968）生。		
1887	明治 20	光緒 13 （丁亥）	・3 月 1 日，長谷川延年（1803～）卒。	・6 月，黎庶昌再度到日本。	

年代			中日篆刻略年表		註
西元	日本	中國	日本	中國	
			・8 月 12 日，羽倉可亭（1799～）卒。 ・9 月，岡田旭堂（1834～）卒。	・姚文棟離日。	
1888	明治 21	光緒 14（戊子）	・4 月 27 日，山本竹云（1820～）卒。 ・11 月 21 日，森春濤（1818～）卒。	・王灝（1823～）卒。	
1889	明治 22	光緒 15（己丑）	・12 月，秋山白巖回日本。 ・賴支峰私印譜《支峰先生印譜》刊行。 ・佐藤牧山 87 歲壽宴，俞曲園、楊葆光等 30 名清廷文人贈詩祝賀。	・2 月，重野成齋等文人與黎庶昌在日本橋的「枕流館」聚會。 ・新駐任公使黎庶昌主辦日本與中國文人雅會「芝之紅葉館」，是經常活動的場所。 ・《缶廬印存》一集，四冊刊行。 ・康有爲著《廣藝舟雙楫》。	
1890	明治 23	光緒 16（庚寅）	・3 月，三條梨堂爲篠田芥津所刻《一日六時恆吉祥草堂印譜》題字。 ・9 月，河井荃廬遊訪中國杭州，得沈從先的《印談》。 ・岡田霞屋（1828～）卒。 ・中井敬所編《獨立禪師印譜》。 ・鶴田鐵五郎刻《疏密印影》。 ・秋山白巖到東京辦「東京弘書學院」。	・徐三庚卒（1826～）。 ・吳昌碩與吳大澂結識。 ・3 月，黎庶昌在日本紅葉館主辦活動。 ・9 月，黎庶昌因任期滿歸國，小笠原等人在紅葉館舉辦送別宴會。 ・10 月 6 日，重野成齋、巖谷一六等在 ・紅葉館舉辦黎庶昌的送別會。 ・12 月，第三任清朝公使李經芳就任。	

年代			中日篆刻略年表		註
西元	日本	中國	日本	中國	
1891	明治24	光緒17（辛卯）	・2月18日，三條梨堂（1837～）卒。 ・10月1日，大沼枕山（1818～）卒。 ・岡本椿所上京，投師中井敬所。 ・松田東洋刻《觀古堂印譜》。 ・南靜山刻《山壽堂印譜》。 ・浪華印會編《古今印林》。 ・鄉純造編《松石山房印譜續集稿本》。 ・三條梨堂藏印譜《梨堂印譜》。 ・西田春耕私印譜《春耕印影》刊行。 ・3月，日下部鳴鶴赴上海、杭州，拜見吳大澂、俞曲園、楊峴、吳昌碩等。 ・春，中林梧竹臨十七帖。		
1892	明治25	光緒18（壬辰）	・1月9日，平居益齋（1841～）卒。 ・9月29日，金子蓑香（1815～）卒。 ・秋，中井敬所在京都東山一心院發現高芙蓉壽藏碑。 ・源伯民刻，池原綾子編《古印屏風》。 ・川崎千虎編《名印部類》。	・7月，中國楊守敬著《楷法溯源》翻刻刊行。	

年代			中日篆刻略年表		註
西元	日本	中國	日本	中國	
			‧ 高田綠云摹刻《捉月空影》。 ‧ 揶川云巢刻，鐵宗編《掃石山房印譜》。 ‧ 江馬天江編《片石共語齋印譜》。 ‧ 二世中村蘭台（～1969）生。		
1893	明治 26	光緒 19（癸巳）	‧ 3 月，增田立所（1854～）卒。 ‧ 須原畏三編《扶桑書畫款印集覽》。 ‧ 秋山白巖再赴清，約有半年。 ‧ 河井荃廬創立「東方書道院」。	‧ 吳昌碩的《缶廬詩》刊行。	
1894	明治 27	光緒 20（甲午）	‧ 7 月，御巫清直（1812～）卒。 ‧ 11 月 10 日，久米幹文（1828～）卒。 ‧ 鄉純造鑒藏，中井敬所校《菘石山房印譜續集》刊行。 ‧ 神山鳳陽私印譜《鳳陽遺印譜》刊行。 ‧ 雨石刻《雨石戲鐵》。 ‧ 濱村藏六四世編《藏六居印略》。 ‧ 古筆了悅校，狩野壽信編《本朝書畫落款印譜》。 ‧ 坂井吳城（～1984）生。 ‧ 日下部鳴鶴發起同好會。	‧ 張裕釗（1823～）卒。 ‧ 陸心源（1834～）卒。	‧ 8 月，日清兩國宣戰。

年代			中日篆刻略年表		註
西元	日本	中國	日本	中國	
1895	明治 28	光緒 21（乙未）	・1 月，中村不折從軍到清朝，8 月歸國。 ・2 月 24 日，濱村藏六四世（1826～）卒。 ・3 月 13 日，長三洲（1833～）卒。 ・4 月 12 日，成瀨石痴（？～）卒。 ・京都篆俱會、平野宣東編《平安紀念印集》。 ・片桐賢三編《杏所印譜》。 ・足達疇村刻《三輔余塵》。	・李文田（1834～）卒。	
1896	明治 29	光緒 22（丙申）	・3 月 28 日，田結庄千里（1815～）卒。 ・4 月，伊藤春畝在大磯滄浪閣舉辦雅集，會上山田寒山所刻的陶印受到讚賞。 ・11 月，中林悟竹將要回佐賀小城町之際，前田默鳳、日下部鳴鶴等人於不忍池長酡亭舉辦送別會。 ・羽倉可亭刻《可亭印譜》。 ・成瀨石痴刻，橫瀨滿古編《寶篆石室印譜》。 ・綠云刻《高田綠云印》。 ・前田對山人刻《對山堂印譜》。	・楊峴（1819～）卒。	

年代			中日篆刻略年表		註
西元	日本	中國	日本	中國	
			・河井荃廬作「晦堂」、「文求堂」、「北米州文人武威印」皆趙之謙風格，亦有學徐三庚風的「袖中有東海」。		
1897	明治 30	光緒 23（丁酉）	・4 月 14 日，羽倉南園（1826～）卒。 ・8 月，向山黃村（1826～）卒。 ・9 月 13 日，町田石谷（1838～）卒。 ・町田石谷藏《石谷山房藏印譜》。 ・10 月 4 日，小林愛竹（1834～）卒。 ・鄉純造、中井敬所著《印譜考略》。 ・中村石農摹刻《摹刻七十二侯印譜》。 ・中村石農刻《福祿壽印譜》。 ・河井荃廬訪華。 ・中林梧竹訪華，並題寫北京翰林院匾額。 ・山本梅岸經朝鮮赴中國，結識康有為、梁啓超。 ・河井荃廬心儀吳昌碩篆刻，奉書求教，寫信並附印拓寄給吳昌碩。	・黎庶昌（1837～）卒。	
1898	明治 31	光緒 24（戊戌）	・4 月，岡本黃石（1811～）卒。 ・7 月 13 日，林稼林（1814～）卒。	・8 月，清朝戊戌政變，康有為、梁啓超等人相繼到日避難。	

年代			中日篆刻略年表		註
西元	日本	中國	日本	中國	
			・冬，北方心泉、西村天囚遊歷中國。 ・近藤元粹刊《篆刻針度》。 ・土橋魯軒編《金石印叢篆刻字匯》。 ・河井荃廬心儀吳昌碩篆刻，奉書求教，吳昌碩回信。 ・山本竟山，遠赴東京跟日下部鳴鶴學習草書。	・羅振玉在上海創立東文學社。 ・林散之出生。	
1899	明治 32	光緒 25（己亥）	・1 月 19 日，勝海舟（1823～）卒。 ・1 月，東本願寺在南京設立金陵東文學堂，北方心泉擔任主任。 ・9～11 月，內藤湖南首次西渡中國。 ・12 月，前田對山人（1835～）卒。 ・冬，西村天囚再次遊歷中國。 ・高田綠云（1828～）卒。 ・增井竹窗（1861～）卒。 ・濱村藏六五世刻《雕蟲窟印蛻》。 ・平野五岳藏印譜《古竹園印譜》。 ・中山高陽私印譜，野島梅屋編《高陽山人印譜》。 ・福岡孝弟著《印譜辨妄》。	・王懿榮發現甲古文。	

年代			中日篆刻略年表		註
西元	日本	中國	日本	中國	
			‧山田正平（～1962）生。 ‧佐藤桃巷（～1972）生。		
1900	明治33	光緒26（庚子）	‧5月，中國發起義和團運動，北方心泉與俞曲園、徐三更、楊仁山等人離別，自北京返回日本。 ‧秋，江馬天江爲篠田芥津刻《一日六時恒吉祥草堂印譜》題字。 ‧鄉純造編《法眼居印賞》。 ‧市原蔬香刻《蔬香印譜》。 ‧中井敬所刻，古稀紀念印譜《菡萏居印粹》。 ‧河井荃廬與文求堂主人田中慶太郎，第一次赴清，拜師吳昌碩，并由羅振玉、汪康年擬訂《潤例》。	‧吳昌碩的《缶廬印存第二集》編成。 ‧沙孟海生。 ‧王遽常生。 ‧方介堪生。 ‧秦咢生生。	‧五月，中國發起義和團運動。
1901	明治34	光緒27（辛丑）	‧2月，山田寒山搬到向島小梅町。 ‧3月8日，江馬天江（1825～）卒。 ‧5月，山根立庵，從上海移居到北京。 ‧6月22日，行德玉江（1828～）卒。 ‧10月，日下部鳴鶴再來岐阜停留，這次山本竟山亦與日下部鳴鶴。	‧十一月，羅振玉爲調查日本的教育情況，第一次訪日，此次走訪日本書肆，并結識了河井荃廬、日下部鳴鶴等人。 ‧樓蘭木簡121片發掘。	

年代			中日篆刻略年表		註
西元	日本	中國	日本	中國	
			・山崎石齋（1835～）卒。 ・篠田芥津刻《一日六時恒吉祥草堂印譜》刊行。 ・沈從先撰，中井敬所刊《印談》。 ・高田竹山編《朝陽閣字鑒》。 ・沈從先撰，中井敬所刊《印談》。 ・松丸東魚（～1975）生。		
1902	明治35	光緒28（壬寅）	・1月，成瀨大域（1827～）卒。 ・3月，山本竟山第一次赴清拜師楊守敬。 ・3月，日下部鳴鶴引薦山本竟山認識楊守敬。 ・5月19日，平野禮齋（1857～）卒。 ・10月，內藤湖南受到特派到中國訪問。 ・11月，山田寒山在東山一心院發現高芙蓉的墓。 ・12月，篠田芥津（1827～）卒。 ・12月2日，河井荃廬赴清，在杭州居住3個月。 ・木村鐵耕編《云笈印范》。 ・鈴木湖村藏印譜，山本拜石刻《烟霞印賞》。	・一月，羅振玉返回上海。 ・徐星洲受日本赴華篆刻家五世濱村藏六轉托，為日本書家西川春洞刻『謙慎書屋』白文印，時西川春洞五十五歲。此即為後來謙慎書道會的取名由來。 ・吳大澂（1835～）卒。	

年代			中日篆刻略年表		註
西元	日本	中國	日本	中國	
			・河村雨谷藏，中國明代趙凡夫摹刻印譜《趙氏摹古印存》。 ・野島梅屋著《高陽山人名印一夕話》。 ・篠田芥津（1827～）卒。 ・西川寧生（～1989）。 ・西川寧（～1989）生。		
1903	明治36	光緒29（癸卯）	・2月6日，河井荃廬從杭州抵上海回日本。 ・濱村藏六五世刻《結金石緣》第一、二、三集。 ・古川鐵耕編《水仙書屋印章》。 ・松原存齋刻《名賢印譜》、《一咏一篆》印譜。 ・山本竟山第二次赴華，訪楊守敬、潘存、吳昌碩等人。 ・10月，三井聽冰（1849～）卒。	・吳昌碩與長尾雨山結識。 ・顧廷龍生。 ・吳汝綸（1840～）卒。 ・劉鶚《鐵雲藏龜》刊行。	
1904	明治37	光緒30（甲辰）	・2月，田中成章（1823～）卒。 ・8月6日，神履堂（1834～）卒。 ・生井子華（～1989）生。 ・遠山盧山（1823～）卒。 ・桑名鐵城刻《九華室印存》。 ・鄉純造編《松石山房銅印考》。	・西泠印社創立。 ・來楚生（～1975）生。 ・陳巨來（～1984）生。 ・翁同和（1830～）卒。 ・鄒夢禪生。 ・傅抱石生。 ・徐之謙生。 ・吳隱在上海創辦西泠印社書肆。	

<table>
<tr><th colspan="3">年　代</th><th colspan="2">中日篆刻略年表</th><th rowspan="2">註</th></tr>
<tr><th>西元</th><th>日本</th><th>中國</th><th>日　本</th><th>中　國</th></tr>
<tr><td></td><td></td><td></td><td>・細井九皋、大澤等私印譜《奇勝堂印譜》刊行。
・河井荃廬赴清。
・謙慎書道會創立。
・長尾雨山到中國，與吳昌碩結爲師友。</td><td>・丁仁輯《西泠八家印選》四冊本和《泉唐丁氏八家印譜》三十四冊本。
・吳隱編輯吳熙載刻印爲《吳讓之印存》十冊。
・吳隱編輯趙之謙刻印爲《二金蝶堂印存》一書。
・吳昌碩移居蘇州桂和坊十九號，名其齋爲「癖斯堂」。
・丁仁遊吳門，得外祖魏稼孫爲吳讓之手訂印稿。
・吳昌碩爲閔泳翊刻印。
・陳介祺《封泥印譜》出版。
・王壬秋撰《白石印序》。
・崔鴻圖編《集古印存》。</td><td></td></tr>
<tr><td>1905</td><td>明治 38</td><td>光緒 31（乙巳）</td><td>・5 月 18 日，森本后凋（1847～）卒。
・7 月 11 日，巖谷一六（1834～）卒。
・7 月 29 日，北方心泉（1850～）卒。
・11 月，內藤湖南應小村全權大使的邀請，赴北京。
・12 月 26 日，谷鐵臣（1822～）卒。
・副島蒼海（1828～）卒。</td><td>・丁仁等向杭州政府呈文爲創立西泠印社辟地孤山專用案。
・葉銘輯《鐵花庵印集八冊》。
・丁仁輯《杭郡印輯》八冊。
・吳隱編輯《錢胡兩家印輯》四冊。
・韓登安（～1976）生。
・陳巨來（～1984）生。</td><td></td></tr>
</table>

年代			中日篆刻略年表		註
西元	日本	中國	日本	中國	
			・濱村藏六五世刻《錦囊銅磁印譜》。 ・大橋醒仙刻《幽蘭室印蛻》。	・羅福頤生。	
1906	明治 39	光緒 32（丙午）	・8 月 28 日，桃澤如水（？～）卒。 ・11 月，山本竟山第三次遊學於中國，後回台北。 ・木村竹香陶印，山田寒山刻《羅漢印譜》。 ・山本不大編《日本印叢》。 ・河井荃廬撰成首篇〈西泠印社記〉。 ・河井荃廬爲丁仁刻「丁仁友」印。 ・內山完造撰文評李叔同。	・12 月 20 日，俞曲園（1821～）卒。 ・陳豪作《西泠印社圖》。 ・王福庵輯《福庵藏印》十六冊。 ・錢君匋（～1998）生。	
1907	明治 40	光緒 33（丁未）	・1 月 21 日，田能村直入（1814～）卒。 ・3 月，東京勸業博覽會，篆刻加入項目。（審查員：今井雄作、中井敬所、濱村藏六） ・淺井柳塘（1842～）卒。《淺井柳塘遺印譜》刊行。 ・梅士編，田能村竹田私印譜《竹田印譜》刊行。 ・柳里恭私印譜，淇圓會編《淇圓印譜》刊行。	・丁仁輯《西泠八家印選》三十冊本。 ・《西泠八家印選》甲辰四冊本由西泠印社出版。 ・黃賓虹在上海編輯《賓虹藏印》。 ・黃賓虹撰《印述》分四期連載《國粹學報》。 ・王提輯《福盦藏印》。 ・頓立夫（～1988）生。 ・葉潞淵（～1994）生。	

年代			中日篆刻略年表		註
西元	日本	中國	日本	中國	
			・佐藤茶崖藏印譜《十硯齋古銅印粹》。 ・田能村直入私印譜《直入先生印影》刊行。 ・岡本椿所、濱村藏六五世、河中仙口等創立「丁未印社」。 ・6月，談書會設立。	・趙朴初（～2000）生。 ・吳振平生。	
1908	明治41	光緒34（戊申）	・1月4日，河崎稻香（1859～）卒。 ・1月8日，平瀨露香（1839～）卒。 ・6月，西本願寺西域第二次探險隊出發，在樓蘭故址獲五片木簡。 ・平瀨露香藏印譜《同學齋古鑄印譜》刊行。 ・朱白會編《印心》。 ・濱村藏六五世、足達疇村刻《壺心印蛻》。 ・保多孝三（～1985）生。 ・內藤香石（～1986）生。	・吳隱編輯趙之謙刻印成《二金蝶堂印譜》。 ・西泠印社出版趙之謙《二金蝶堂印譜》。 ・吳隱編輯陳豫鐘刻印成《求是齋印存》。 ・吳隱編輯趙之琛刻印成《補羅迦室印譜》。 ・吳隱編輯《遯盦集古印存》、《遯盦秦漢古銅印譜》。 ・西泠印社上海書肆刊行《趙次閑印存》。 ・《吳昌碩石鼓文墨跡》出版。 ・楊守敬編輯自刻印成《楊守敬印譜》。 ・黃士陵編輯自刻成《黃牧甫印存手稿》。 ・張厚谷編輯《漢銅印林》。 ・黃士陵（1849～）卒。	

年代			中日篆刻略年表		註
西元	日本	中國	日本	中國	
1909	明治 42	宣統 1（己酉）	・河井荃廬赴清，與吳昌碩、吳藏龕合影於上海。 ・9 月 30 日，中井敬所（1831～）卒。 ・9 月，內藤湖南，擔任京都帝國大學教授。 ・11 月 25 日，濱村藏六五世（1866～）卒。 ・三井高堅編《聽冰閣藏古銅印》。 ・多治見春谷編《定武樓印累》。 ・山口石室摹刻，光風樓書房刊《蘇氏印略》。	・楊守敬觀《西泠印社圖》並題款。 ・《遯盦古泉存》由西泠印社出版。 ・吳隱編輯《十六金符齋印存》。 ・吳隱編楊大受刻印成《楊嘯村印集》。 ・吳隱編輯錢松刻印成《鐵廬印譜》。 ・吳隱編輯《遯盦秦漢印選》由西泠印社刊行。 ・楊逸園編輯葉爲銘刻印成《逸園印輯》。 ・諸貞壯結識吳昌碩，作《缶廬先生小傳》。 ・葉昌熾編撰《語石》。 ・丁可鈞編輯自刻印成《饋石齋印存》。 ・端方編著《匋齋藏石記》。 ・端方編著《匋齋藏印》。 ・趙叔孺編輯《二弩精舍印賞》。 ・翁壽虞編輯自刻印成《詩品印譜》。 ・羅振玉到日本。 ・張之洞（1837～）卒。 ・劉鶚（1857～）卒。	

年代			中日篆刻略年表		註
西元	日本	中國	日本	中國	
1910	明治43	宣統2（庚戌）	・3月2日，田口逸所（1846～）卒。 ・8月，佐藤赤堂（1841～）卒。 ・中井敬所刻，田口逸所編《菡萏居遺影》。 ・賴潔編《山陽印譜》。 ・細川林谷刻，江上印社編《江上印集》第五冊。 ・足達疇村編《藏六金印》。 ・梨岡素岳編《藏六居印存》。 ・木內醉石摹刻《七十二侯印譜摹本》。 ・田能村直入藏印譜《畫神堂印譜》。 ・聯珠篆文改題本《篆書字引》。 ・爲紀念西泠印社創社紀念出版，刊登〈印傭〉、〈琅邪季子〉兩方白文印。 ・水野元直到中國，在上海與王震、楊守敬、吳昌碩等人交遊。 ・山本竟山第四次遊學於中國。	・葉銘撰《廣印人傳》。 ・《吳昌碩石鼓文》由上海求古齋以石印本出版。 ・吳昌碩跋《毛公鼎拓本》。 ・葉爲銘編輯刊行周亮工《印人傳》。 ・葉爲銘編輯刊行汪啓淑《續印人傳》。 ・葉爲銘編撰《再續印人小傳》。 ・吳隱編輯《三代古陶存》。 ・吳隱撰《重刻周、汪〈印人傳〉敘》。 ・吳隱編輯《印匯》。 ・吳隱編輯《浙西四家印譜》。 ・吳隱編輯趙之琛刻印成《補羅迦室印譜》。 ・吳隱編輯陳雷刻印成《養自然齋印存》。 ・吳隱編輯陳鴻壽刻印成《鐘榆仙館印譜》。 ・吳隱編輯《鴛蝴四山印集》。 ・吳隱編輯丁敬刻印成《龍泓山人印譜》。 ・王提爲《再續印人小傳》題書。	

年代			中日篆刻略年表		註
西元	日本	中國	日本	中國	
				・黃賓虹編輯《濱虹集古印存》。 ・李叔同自日本返國。 ・林鈞編輯趙之謙刻印成《二金蝶堂印譜》。 ・馬家桐編輯《百百印盧藏印》。 ・孫文楷編輯《稽盦古印箋》。 ・謝稚柳生。 ・馮建吳生。 ・唐云生。 ・朱暉生。 ・胡钁卒。	
1911	明治44	宣統3（辛亥）	・6月，淺野斧山編《東皋全集》刊行。 ・中村蘭台刻《醉漢堂印譜》。 ・中村敬所一門刻，岡村梅軒編《印品》。 ・松浦武四郎刻，賴三樹三郎詩，松浦孫太編《一日百印百詩》。 ・中井敬所著《皇朝印典》、《續印譜考略》。 ・水野元直到中國。	・9月，康有爲自日本歸國。 ・12月，楊守敬從武昌到上海避難，並向上海的日本總領事館請願，希望保護其藏書。 ・12月，羅振玉、王國維避居日本京都，爲羅振玉第三次到日本，此次直到1919年爲，并與日文湖南內藤虎次郎、君山狩野直喜、富岡謙藏等過從極密，結下深厚的友誼。 ・《吳蒼石印譜》四冊出版。 ・吳隱編輯《遯庵秦漢印選》。	・辛亥革命

年代			中日篆刻略年表		註
西元	日本	中國	日本	中國	
				・吳隱編輯蔣仁刻印成《蔣山堂印譜》。 ・吳隱編輯黃易刻印成《秋景盦印譜》。 ・吳隱編輯奚岡刻印成《蒙泉外史印譜》。 ・吳隱編輯《楊龍石印譜》。 ・吳昌碩移居上海吳淞。 ・有正書局輯吳昌碩刻印成《吳蒼石印譜》。 ・黃賓虹撰《〈篆刻探源〉序》。 ・鐘以敬撰寫《篆刻約言》一文。 ・樓村輯自刻成《樓村印稿》。 ・鐘以敬輯自用印成《印儲》一冊。 ・時人輯李叔同早年治印成《李叔同先生印存》。 ・羅振玉編輯《馨室所藏璽印》。 ・王國均輯自藏印成《蘭根草舍印存》一冊。 ・李鳳廷募集秦漢官私印八百余鈕成《秦漢印鏡》。 ・有正書局據《完白山人篆刻偶存》成《鄧石如印存》二冊本。	

年代			中日篆刻略年表		註
西元	日本	中國	日本	中國	
				· 有正書局輯徐三庚刻印成《金山民手刻印集》。 · 有正書局輯趙之琛刻印成《趙次琛印存》四冊。 · 有正書局據端方藏印出版《匋齋藏印》四集十六冊。 · 有正書局輯楊澥刻印成《楊龍石印存》。 · 蒲華卒。 · 徐邦達生。 · 胡鐵生生。 · 戚叔玉生。	
1912	明治 45 大正 1	民國 1 （壬子）	· 3 月，日本東京勸業博覽會第二回開幕。 · 3 月，日本因武昌革命而失去財產的楊守敬，發起書家揮毫募集潤筆費，贈與楊守敬。 · 4 月，齋藤拜石（1830～）卒。 · 5 月，水野梅疎與楊守敬的《書學邇言》的翻譯本在日本東京朝日新聞連載。 · 7 月，談書會集帖：談書會發行，河井荃廬編集。 · 9 月，《書學邇言》在日本刊行。 · 11 月，山本竟山從台灣回日本。	· 西泠印社開社。 · 魯堅撰《西泠印社記》。 · 吳隱編輯徐三庚刻印成《金櫺山人印存》三冊。 · 丁仁輯《悲庵印存》二冊。 · 吳昌碩以詩題長尾甲《長生未央磚》拓本。 · 黃賓虹發表《濱虹集印序》、《濱虹集印敘目》、《貞社同人印課序》、《濱虹草堂集古璽印譜序》、《古璽印銘并序》等文。 · 丁仁撰〈咏西泠印社同人詩〉共按二十首。	· 日本 7 月 30 日，改爲大正元年。 · 中華民國成立。

年代			中日篆刻略年表		註
西元	日本	中國	日本	中國	
			・木村香雨（1842～）卒。 ・谷文晁等印，廬野楠山編《四文印譜》。 ・中井竹山等私印譜《懷德堂印存》刊行。 ・春水、書庵、山陽、三樹、友峰私印譜《賴氏五翁印藪》刊行。 ・樋口銅牛編《七十二侯印存》明治印學出版。 ・澀谷鐵司編《皇朝支那名刻印譜》。 ・田口逸所刻《逸所遺篆》。 ・高田竹山著《漢字詳解》。 ・巖谷一六私印譜《歙霞印存》刊行。 ・「談書會」在東京雅集。 ・第五次遊學於中國。 ・田中慶太郎發行《昌碩畫存》。	・羅振玉編《鳴沙石室遺書》。 ・鄒安輯自刻印成《鄒壽祺藏玉璽》一冊。 ・羅振玉輯《馨室所藏璽印續集》五冊。 ・羅振玉輯《羅振玉自用印集》一冊。 ・金城輯自刻印成《蒲廬壬子印存》四冊。 ・趙叔孺輯《漢印分韻補》。 ・王大炘輯自刻印成《王冰鐵印存》五冊，亦名《冰鐵戡印印》。 ・朱冲和輯自刻印成《嚼梅龕印存》二卷。 ・孫延賓輯其父孫文楷藏印成《稽庵古印箋》四冊。亦名《稽庵齋魯古印箋》。 ・丁可鈞輯自刻印成《石渠印存》一冊。 ・戚叔玉生。 ・陳大羽生。 ・柴子英生。 ・底奇峰卒。	
1913	大正2	民國2（癸丑）	・4月12、13日，內藤湖南、山本竟山在京都府立圖書館主辦「大正癸丑蘭亭會」。 ・5月11日，伊藤古屋（1870～）卒。 ・5月，中林梧竹歸鄉。	・西泠印社舉行成立大會，吳昌碩被推舉爲社長。長尾雨山、河井荃廬被邀爲社員。 ・日本長尾雨山等人與中國吳石潛等人尋訪古蘭亭。	

年代			中日篆刻略年表		註
西元	日本	中國	日本	中國	
			・8月，中林梧竹（1827～）卒。 ・11月，益田香遠、河井荃廬、岡村楳軒等在皆香園舉辦篆刻會。 ・11月，印聖高芙蓉130年祭，芙蓉軒私印譜複製刊行。 ・12月3日，山田永年（1844～）卒。 ・桑田鐵城編《蘭亭印譜》。 ・富取益齋著，山田寒山刊《印章備正》。 ・兒玉果亭私印譜《竹仙山房印譜》刊行。 ・村田香谷刻《晚晴樓印影》。 ・蘭亭會在東京日本橋倶樂部舉辦。 ・山本竟山自清歸國，提倡羊毛中鋒筆。 ・長尾雨山書銘刻崖。	・羅振玉宸翰樓藏多版本蘭亭序，分別由博文堂、西東書房、蘭亭修禊紀念會刊出，以紀念癸丑蘭亭修禊。 ・胡宗成作《西泠印社記》。 ・錢瘦鐵刻印《錢瘦鐵印存》由西泠印社出版。 ・上海西泠印社刊行《缶廬印存》初集、二集。 ・羅振玉輯《齊魯封泥集存》一卷。 ・羅振玉輯《殷墟書契》。 ・金城輯自刻印成《三廬葵丑印存》四冊。 ・張之存注釋《篆刻辦訣》一冊。 ・方約生。 ・張令杭生。	
1914	大正3	民國3（甲寅）	・6月7日，在東山一心院，由平安印會主辦，舉辦了高芙蓉130年祭活動，《荐事紀念印會會記》刊行。 ・6月，中國廉南湖擁有的刻帖、名畫、史可法、董其昌、包世臣等眞跡由法書會主辦，於東京美術學校中展覽。	・2月，康有爲《廣藝舟雙楫》被譯成日文出版。刊登於「六朝書道論」。 ・4月，羅振玉與王國維共著《流沙墜簡》刊行。 ・吳昌碩《缶廬印存第三集》發行。 ・吳昌碩撰《西泠印社記》。	・日本參與第一次世界大戰。

<table>
<tr><th colspan="3">年　代</th><th colspan="2">中日篆刻略年表</th><th rowspan="2">註</th></tr>
<tr><th>西元</th><th>日本</th><th>中國</th><th>日　本</th><th>中　國</th></tr>
<tr><td></td><td></td><td></td><td>・6月23日，中根半岭（1831～）卒。
・10月，圖書刊行會編《日本畫苑》。
・秋，水野疎梅，到中國遊歷。
・長思印會編《蘭亭印興》。
・山內敬齋編《思敬室印叢》。
・三村竹清編《藏書印譜》。
・河井荃廬赴清，旋回日本。
・長尾甲回日本，吳昌碩以詩畫相贈，居京都。
・梅舒適生。</td><td>・王壽祺篆書張景星所撰《西泠印社記》。
・西泠印社輯吳昌碩刻印成《缶廬印存》。
・鐘以敬輯成《窳龕留痕》（又名《泉唐鶴廬居士印賞》）十二冊。
・吳隱重輯《遯盦秦漢古銅印譜》八冊本。
・丁仁輯《悲盦印剩》。
・羅振玉輯《唐風樓秦漢瓦當文字》。
・金城輯自刻印成《藕廬甲寅印存》二冊。
・秦康祥生。
・蔡謹士生。</td><td></td></tr>
<tr><td>1915</td><td>大正4</td><td>民國4（乙卯）</td><td>・4月，山本竟山主持在日本的楊守敬追悼會與展覽，並作紀念演講。
・5月12日，三島中洲（1830～）卒。
・8月，西川春洞（1847～）卒。
・9月10日，中井敬所著《日本印人傳》。
・11月，初世中村蘭台（1856～）卒。
・加藤有年（1861～）卒。
・山田永年思印譜《古硯堂印譜》刊行。</td><td>・1月，楊守敬（1838～）卒。
・吳昌碩《缶廬印存第四集》發行。
・葉為銘、丁輔之、王福盦編《西泠印社志》。
・丁立中作《仰賢亭記》。
・吳石潛輯集吳昌碩作品成《苦鐵碎金》四冊。
・李叔同書寫《馮曉青墓碑散記》。
・羅振玉輯《赫連泉館古印存》一冊。</td><td></td></tr>
</table>

年代			中日篆刻略年表		註
西元	日本	中國	日本	中國	
			・上野理一編《有竹齋藏璽印》。 ・園田湖城編《瑞雲集》。 ・杉原夷山編《日本書畫落款印譜》。 ・國書刊行會刊行《雜藝叢書》。 ・長尾甲在日本京都舉辦壽蘇會。	・樂石社出版《樂石社社友小傳》一冊。 ・金城輯自刻印成《偶廬乙卯印存》四冊，輯自藏印成《偶廬古銅印存》十三冊。 ・冒廣生輯明清印人印作及吳木茂印作成《疚齋藏印》四冊。 ・沈熙孫集趙石爲己所刻印成《趙古泥先生印集》兩冊。 ・吳昌碩被推爲第一代社長。 ・羅振玉、羅福萇、王國維出席在日本京都的乙卯壽蘇會。 ・金意庵生。 ・蔣維崧生。	
1916	大正 5	民國 5（丙辰）	・1 月 23 日，第一回壽蘇會。 ・4 月 26 日，小林卓齋（1831～）卒。 ・10 月，黑木欽堂、上田萬年，到中國遊歷於 12 月歸國。 ・11 月 5 日，圓山大迂（1838～）卒。 ・12 月 9 日，夏目瀨石（1867～）卒。 ・渡邊沙鷗（1864～）卒。 ・水野疏梅再次到中國上海。	・1 月，在京都滯留的羅振玉，把所藏的舊拓碑帖的一部分於上野韻松亭展覽。 ・羅振玉在日本爲刻書資金而出售所攜碑版。 ・羅振玉、羅福萇出席在日本京都的丙辰壽蘇會。 ・西泠印社出版《完白山人印譜》二冊。 ・吳昌碩致信給長尾甲。 ・丁仁輯《秦漢丁氏印譜》二冊。	・袁世凱（1859～ ）卒。

年代			中日篆刻略年表		註
西元	日本	中國	日本	中國	
			·益田香遠刻《龍鱗留影》。 ·松村乾堂藏印譜《蝸涎廬藏印》刊行。 ·神田香嚴私印譜《容安軒印譜》刊行。 ·水竹印社編《鐵網珊瑚》。 ·關信正編《凌秋書屋印賞》。 ·山田正平刻《正氣歌印譜》。 ·玄巧若拙著，松山堂刊行《石華印說》。 ·丙辰壽蘇會。 ·小林斗庵（～2007）生。	·羅振玉輯《赫連泉館古印續存》一冊。 ·南社出版《南社姓氏錄》。 ·高石農生。	
1917	大正 6	民國 6（丁巳）	·1 月 12 日，第二回壽蘇會。 ·3 月 29 日，竹添井井（1842～）卒。 ·5 月，日下部鳴鶴 80 歲生日宴，於日本橋俱樂部，與會者 200 多名。 ·10 月，內藤湖南、石濱純太郎等人經過中國歷訪歐洲各國。 ·12 月 28 日，松木五峰（1844～）卒。 ·鈴木紫陝編《回春印譜》。 ·田結庄千里刻《行余遊戲》。 ·山內敬齋刻《侶鶴草堂印賞》。	·林泰輔編《龜甲獸骨文字》。 ·西泠印社輯《趙撝叔印譜》二冊八集。 ·西泠印社編輯出版《董巴王胡會刻印譜》四冊。 ·西泠印社出版董洵《多野齋印說》。 ·吳昌碩爲吳仲熊作《鬲仲熊詩》。 ·吳隱輯《纂籀簃古璽選》、《秦漢百壽印聚》各兩冊。 ·葛昌楹輯《傳朴堂印譜》，羅振玉作序。 ·王世撰《治印雜說》。	·美國參與世界大戰。

年代			中日篆刻略年表		註
西元	日本	中國	日本	中國	
			‧上野理一編《有竹齋藏璽印》。 ‧宮崎竹叢編《和而不流齋印譜》。 ‧楠瀨日年赴杭州訪趙之謙墓。	‧羅振玉、羅福萇出席在日本京都的丁巳壽蘇會。	
1918	大正 7	民國 7（戊午）	‧1 月 31 日，第三回壽蘇會。 ‧9 月 13 日，石川鴻齋（1833～）卒。 ‧11 月 19 日，前田默鳳（1853～）卒。 ‧12 月 14 日，神田香嚴（1854～）卒。 ‧12 月 26 日，山田寒山（1856～）卒。 ‧大谷光勝藏印譜《燕申堂集印》刊行。 ‧杉聽雨編《聊娛印賞》。 ‧楠瀨日年刻《日年印存一集》、《日年印存二集》。 ‧河井荃廬 1890 年從杭州獲得沈從先《印談》譯成日文出版。	‧西泠印社刻《印學叢書》，河井荃廬藏《沈從先印談》被收入叢書。 ‧吳昌碩爲王褆制訂潤例。 ‧西泠印社出版《印典》。 ‧張宗祥著《書學源流論》。 ‧羅福成，羅福葆輯其父羅振玉藏印成《小蓬萊閣古印菁華》二卷。 ‧金成輯自刻印成《藕廬戊午印存》二冊。 ‧葉一葦生。 ‧仲貞子生。	
1919	大正 8	民國 8（己未）	‧5 月，井上圓了，到中國遊訪。 ‧7 月 20 日，赤松溶陽（1841～）卒。 ‧9 月 30 日，三井聽冰（1849～）卒。 ‧南瀨日年刻《藝苑叢書》、《日年印存三集》。	‧吳昌碩輯自刻印成《缶廬印精拓》。 ‧張弁群集拓吳昌碩刻印編成《缶廬印存》。 ‧吳湖帆輯《畫余盦印存》。 ‧黃葆戊輯自刻印成《暖廬摹印集》二冊。	

年代			中日篆刻略年表		註
西元	日本	中國	日本	中國	
			・北大路魯山人刻《栖鳳印存》。 ・園田湖城編《平盦過眼古璽》。 ・南瀨日年刻《日年印存四集》。 ・秋，河井荃廬與山田正平一起赴華。	・陳漢第輯《伏廬藏印》(己未集)六冊。 ・有正書局輯《鄧石如印存》有印款二冊本。 ・吳大澂輯《周秦兩漢名人印考》出版。 ・容庚《雕蟲小言》發表。 ・林樹臣輯《石廬璽印萃賞》六十冊。 ・無名氏輯《元押集存》二冊。 ・羅叔子生。 ・許亦農生。	
1920	大正 9	民國 9 (庚申)	・1 月 1 日，上野有竹(1848～)卒。 ・5月3日，杉聽雨(1835～)卒。 ・二世中村蘭台編《蘭台印集》亦稱《草香印譜》初集。 ・橋本香于刻，北村春部、楠瀨日年編《香于印譜》。 ・扶桑印會編《扶桑印選》。 ・伊藤博文藏印譜《蒼浪閣所藏印譜》刊行。 ・日本長崎首次展出吳昌碩書畫。 ・日本朝倉文夫慕名到中國，與吳昌碩結下忘年之交。	・吳昌碩爲吳隱制定印泥潤例。 ・西泠印社出版《黟山人黃牧甫印存》二冊。 ・吳隱匯輯十七位印學家論著成《遯盦印學叢書》。 ・孫雪泥編《吳昌碩趙子云合集》。 ・顧麟士輯吳昌碩刻印成《漢玉鈎室印存》二冊，亦名《缶翁爲萼一刊印》。 ・羅振玉輯《雪堂印存》五冊。 ・張朝墉輯《清黑龍江官印存》。 ・方若輯自藏印成《舊雨樓官印存》三冊。 ・周禮生。	

年代			中日篆刻略年表		註
西元	日本	中國	日本	中國	
				・孫其峰生。 ・吳志源生。	
1921	大正 10	民國 10 （辛酉）	・1 月 3 日，益田香遠（1836～）卒。 ・4 月 10 日，高野竹隱（1862～）卒。 ・8 月，神田香嚴先生建造瘞髯碑大德寺王林院，其中文：內藤湖南，額：羅振玉，書：長尾雨山。 ・二世中村蘭台編《蘭台印集》續集，亦稱《香草印譜》續集。 ・飯田秀處編《椿處遺篆》。 ・菡萏印社編《荷香印譜》。 ・園田湖城編《平盦藏印》。 ・日本朝倉文夫造銅像送給吳昌碩。 ・日本大阪首次展出吳昌碩書畫作品。 ・太田孝太郎輯《夢庵藏印》八冊。 ・山本竟山第六次遊學於中國。	・韓登安輯成《登安印存》第一冊。 ・羅福頤輯《庵印草》，羅振玉與王國維之作序。 ・涵芬樓出版《十鐘山房印舉》。 ・羅福成輯《尚符璽古印集存》二冊。 ・太田孝太郎輯《夢庵藏印》八冊。 ・齊璜輯成《白石印草》。 ・高邕卒。 ・羅福萇卒。 ・楊白匋生。 ・單孝天生。 ・高士熊生。 ・程十發生。	
1922	大正 11	民國 11 （壬戌）	・1 月 27 日，日下部鳴鶴（1838）卒。 ・4 月 16 日，山本竟山主辦日下部鳴鶴追悼會並舉行遺墨展。 ・4 月，林進齋（泰輔）（1857～）卒。	・王國維題咏〈西泠印社圖〉。 ・李庸作《小盤古記》，手書刻石。 ・西泠印社刊行丁輔之編《缶廬近墨》第一集。	

年代			中日篆刻略年表		註
西元	日本	中國	日本	中國	
			・7月9日，森鷗外（1862～）卒。 ・益田勤齋等刻，益田淳編《淨碧居集印》。 ・田近竹村藏印譜《一樂庄印賞》刊行。 ・太田夢庵編《夢庵樂匋》。 ・岡村梅軒刻，岡村梅圪編《梅軒遺篆》。 ・圓山大迂刻《學步庵印蛻》。 ・村上剛齋刻《鐵遊戲》。 ・山內敬齋刻《愛日居印存》、《敬齋心印》。 ・長思印會編《赤壁印輿》。 ・狩野探道編《狩野家印譜》。 ・三村竹清編《藏書印譜增訂版》。 ・村上剛齋刻《無墨堂印譜》。 ・河井荃廬在日本與園田湖城討論趙之謙尺牘。 ・長尾甲在日本出版《缶廬墨戲》序中與吳昌碩唱酬。 ・長尾甲在日本舉辦「赤壁會」。 ・今井凌雪生。	・韓登安輯成《登安印存》第二冊。 ・朱復戡出版印譜《靜龕印存》，吳昌碩題扉。 ・簡經綸輯自刻印成《秦齋壬戌印存》一冊。 ・方去疾生。 ・王京盙生。 ・吳朴生。 ・吳隱（1867～）卒。 ・沈寐叟卒。	
1923	大正12	民國12（癸亥）	・7月20日，細川十洲（1834～）卒。	・葉銘輯《遯盦遺跡》一冊。	・日本關東大地

年代			中日篆刻略年表		註
西元	日本	中國	日　本	中　國	
			・植松香城編《論語印集》。 ・岡村周南刻《赤壁印譜》。 ・石井雙石編《對岳山房金石》。	・吳昌碩爲《潛泉遺跡》署款，又在吳石潛的畫像上題跋。 ・《缶廬近墨》第二集刊行。 ・商承祚、羅福成、羅福葆、羅福頤輯《古陶軒秦漢印存》二冊。 ・商承祚編撰《殷墟文字類編》十五卷，《殷墟文字待問編》十三卷。 ・朱復戡印集《靜盦印集》由商務印書館出版。 ・羅福頤輯自刻印成《待時軒仿古印草》二冊。 ・蘇潤寬輯自刻印成《太上感應篇印譜》一冊。 ・羅振玉輯《貞松堂唐宋以來官印集存》一冊。 ・羅振玉輯《凝清室古官印存》二冊。 ・羅振玉輯《凝清室所藏周秦璽印》八冊。 ・金興祥輯《梅華草堂集古印存》。 ・陳衡恪卒，生前著有《摹印淺說》，又有《染倉室印存》。 ・上海印學社出版吳青震《春暉堂印譜》。	震。

年代			中日篆刻略年表		註
西元	日本	中國	日本	中國	
				・林鈞輯《石廬金石書志》十二冊。 ・西泠印社舉辦，創社二十周年紀念會。 ・陳衡恪卒。 ・汪開年生。 ・姜東舒生。	
1924	大正 13	民國 13（甲子）	・7 月 20 日，西村天囚（1865～）卒。 ・8 月 24 日，永坂石埭（1835～）卒。 ・12 月 31 日，富岡鐵齋（1836～）卒。 ・大谷瑩城編《梅華堂印賞》。 ・河野鐵兜藏印譜《秀野堂印存》刊行。 ・田能村直入私印譜《直入山房印譜》刊行。 ・雨宮其雲刻《眞樂軒花甲壽譜》。 ・藤井靜堂編《靄靄庄藏古璽》。 ・奧村竹亭刻《赤壁賦印譜》。	・西泠印社出版《金石家書畫集》。 ・西泠印社出版錢瘦鐵刻印《瘦鐵印存》一冊。 ・吳熊輯《悲庵銘志集存》一冊。 ・陳巨來拜趙叔孺爲師。 ・丁世峰編撰《說文古籀補》四冊。 ・容庚編《金文編》十七卷及《金文續編》十五卷。 ・徐安《桐鄉徐氏集古印譜》四冊，尚輯《名人遺印》二冊。 ・高慶齡輯《秦漢印章拾遺》。 ・亞明生。 ・李伏雨生。 ・王伯敏生。	
1925	大正 14	民國 14（乙丑）	・松木香雲刻《香雲印譜》。 ・沟上與三郎編，佐藤一齋私印譜《愛日樓印譜》刊行。	・丁仁重輯《西泠八家印選》四冊。 ・沙孟海輯自刻印成《蘭沙館印式》一冊。	・孫文（1866～）卒。

年代			中日篆刻略年表		註
西元	日本	中國	日　本	中　國	
			・伊藤博文私印譜《芳梅書屋印影》刊行。 ・石川兼六編《敬所先生逸話》。 ・高田竹山編《古籀篇》。 ・高田竹山編《補正朝陽閣字鑒》。	・韓登安輯成《登安印存》四冊。 ・羅福頤輯《璽印姓名氏徵》二卷。 ・方介堪開始編寫《古玉印匯》。 ・葛昌楹輯《傳朴堂藏印菁華》十二冊，《宋元明犀象璽印留眞》六卷。 ・商務印書館出版《吳缶廬畫冊》。 ・黃賓虹與易孺合編《華南新業特刊》一冊。 ・羅振玉集《西夏官印集存》一冊成書。 ・商務印書館出版《伏廬藏印》。 ・陳寶琛輯《澂秋館印痕》。 ・掃葉山房出版顧湘輯《小石山房印苑》六冊。 ・掃葉山房出版顧湘輯《學山堂印存》六冊。 ・時人輯胡钁刻印成《胡钁印存》一冊。 ・陳介祺輯《簠齋古泥封目》出版。 ・容庚《金文編》完稿。 ・趙小鐵輯其父趙穆刻印成《百將百美合璧印譜》八冊本。	

年代			中日篆刻略年表		註
西元	日本	中國	日本	中國	
				・孟昭鴻，亦名《漢印文字類纂》四冊。 ・陸增祥輯《八瓊室金石補正》。 ・葉鴻翰輯自刻印成《太上感應篇印譜》四冊。 ・錢深山、秦伯未輯《近代名賢印選》四冊。 ・呂邁生。 ・王北岳生。 ・王士增生。 ・汪洛年卒。 ・徐星周（1853～）卒。	
1926	昭和 1	民國 15（丙寅）	・5 月 23 日，藤本烟津（1849～）卒。 ・9 月，《雜誌印印》創刊。 ・9 月，清浦奎吾子，第四次到中國遊歷，與黎元洪、段祺瑞等交往。 ・11 月，藤井有鄰館開設。 ・12 月，山本不鳴（1887～）卒。 ・富岡鐵齋私印譜《無量壽佛堂印譜》刊行。 ・太田夢庵編《夢庵藏印》再版刊行。 ・太田夢庵編《夢庵藏磚》刊行。 ・梨岡素岳刻《雙神印譜》。	・丁仁出版《西泠八家印選》精印本。 ・黃賓虹出版《濱虹草堂藏古印璽》初集八冊。 ・黃賓虹撰《篆刻新論》、《古印譜談》。 ・黃賓虹發表《黟山人黃牧甫譜敘》。 ・方介堪爲明孤本《顧氏集古印譜》征諸名流題記。 ・韓登安共集《登安印存》四冊。 ・傅抱石撰《刻印源流》初稿。 ・沙孟海訂潤格並撰《潤約》。 ・沙孟海發表《名字別號源流考》。	・12 月 25 日，大正天皇過世，改年號爲昭和。

年代			中日篆刻略年表		註
西元	日本	中國	日本	中國	
			・清水澄編，西鄉隆盛私印譜《南洲先生遺印集》刊行。 ・楊守敬著，樋口銅牛釋《學書邇言疏釋》於西東書房刊行。 ・日本大阪舉辦第二次吳昌碩畫展。	・黃賓虹發起成立金石書畫藝觀學會並主編《藝觀雜誌》。 ・陳漢第輯《伏廬藏印續集》十冊，《印矩》。 ・中日藝術同志會舉行活動。 ・陳寶琛輯《澂秋館藏古封泥》五冊，又有四冊本。 ・汪仁壽輯《金石大字典》三十二卷。 ・陳寶琛輯自藏泥封成《澂秋館封泥考》三冊，內容一同於《澂秋館藏古封泥》。 ・方德九輯《德九存陶》六冊。 ・吳載和刻《餐霞閣印稿》一冊成書。 ・吳大炘刻《王冰鐵印》印刷本五冊出版。 ・陸和九《漢武氏石室畫像題字補考》寫刻本二卷、附錄二卷。 ・劉江生。 ・呂國璋生。 ・潘德熙生。 ・梁乃予生。 ・康殷生。 ・符驥良生。	
1927	昭和 2	民國 16（丁卯）	・2 月，奧村竹亭（1873～）卒。	・11 月，吳昌碩（1844～）卒。	

年代			中日篆刻略年表		註
西元	日本	中國	日本	中國	
			・7月24日，芥川龍之介（1892～）卒。 ・芥川龍之介私印譜《澄江堂印譜》刊行。 ・木內醉石（1853～）卒。 ・武川六石編《老松閣印譜》。 ・川村直流、森本茶雷、吉岡逸所合編《壬生水石翁印譜》。 ・長尾甲輯成《缶廬遺墨集》并序。	・吳昌碩詩題《王个簃印存》。 ・馬衡輯《毓慶宮藏漢銅印譜》二冊。 ・黃賓虹作《稱印敘言》。 ・張咀英征各家爲《吳讓之印存》副本題記。 ・韓登安共集《登安印存》三冊。 ・方介堪輯自刻印成《介堪印譜》一冊。 ・羅福頤輯《待時軒印存》正集十八冊。 ・方介堪協助趙叔孺編就《古印文字韻林》。 ・王禔篆《說文部首》，《張華勵志詩》。 ・羅振玉輯《西夏官印集存》一冊。 ・容庚擬編《蟲書印存》。 ・壽稱輯自刻印成《蝶蕪齋丁卯刻印》一冊，又名《山陽壽石工治印》。 ・蔡守輯《集古稱印譜》一卷。 ・潘逸廬重訂出版《篆刻秘訣》二冊。 ・秦更年序《餐霞閣印稿》。 ・商務印書館再版《伏廬藏印》六卷十二冊本。	

年代			中日篆刻略年表		註
西元	日本	中國	日本	中國	
				・孟昭鴻編撰《漢印分韻》三集。 ・壽壐發表《篆刻學講義》。 ・張孝申撰《篆刻要言》一冊。 ・于非闇北京晨報副刊發表《治印余談》。 ・朱鴻達輯《志廬藏印》四冊成書。 ・馬承源生。 ・徐潤芝生。 ・張鈞衡卒。 ・吳涵卒。 ・康有爲（1858～）卒。 ・王國維（1877～）卒。	
1928	昭和 3	民國 17（戊辰）	・3 月，日本大阪舉辦第三次吳昌碩畫展於高島屋。 ・三宅綠村刻《綠村印存》。 ・河西笛洲、北村春步刻《萬壽印譜》。 ・坂田羽軒刻《羽軒印存》。 ・前田默鳳編《印文學》。 ・日本「戊辰書道會「成立，河井荃廬主持。 ・太田孝太郎輯《楓園集古印譜》十冊。	・陳課恕著，山本元譯并補說《篆刻針度》刊行。 ・費硯作《假榻西泠印社示自丁輔之昆玉（戊辰）》。 ・沙孟海撰《印學概論》與《近三百年的書學》。 ・馬衡輯自刻印成《凡將齋印存》二冊。 ・韓登安共集《登安印存》五冊。 ・方介堪輯自刻印成《方介龕篆刻》二冊。	

年代			中日篆刻略年表		註
西元	日本	中國	日本	中國	
				・張魯庵得胡公壽遺印輯《横云山民印聚》二冊成書。 ・故宮博物院集《毓慶宮藏漢銅印》二冊成書。 ・黃伯川集《古璽集林》六冊成書。 ・吳昌碩《缶廬集》出版。 ・黃賓虹續編《美術叢書》第四集。 ・齊白石輯《白石印草》。 ・齊白石輯自刻印成《白石印草》四冊。 ・周明泰輯《續封泥考略》六卷,《再續封泥考略》四卷。 ・張厚谷輯《碧葭精舍印存》八冊。 ・掃葉山房出版孫詒讓撰《古籀拾遺》四冊本。 ・周慶云輯《夢坡室金玉印痕》八卷十一冊。 ・辜鴻銘(1856~)卒。 ・黎元洪(1866~)卒。	
1929	昭和4	民國18(己巳)	・高松宮編《熾仁親王印譜》。 ・鄉升作編松石山房藏印譜《百美名印譜刊行》。	・王福庵輯自刻印成《羅剎江民印稿》一冊。 ・黃賓虹輯《濱虹草堂藏古璽印》二集八冊。	

年代			中日篆刻略年表		註
西元	日本	中國	日本	中國	
			・二世蘭台編《蘭台印集》第三集。 ・武川六石編《六石庵印存》。 ・足達疇村刻《大歡喜品》。 ・太田夢庵編《楓園集古印譜》。 ・古川悟（～1998）生。	・黃賓虹撰《璽印自敘》一文。 ・韓登安輯成《登安印存》三冊。 ・謝光輯《春草廬印集》六卷並出版。 ・羅福頤自輯《古璽文字徵》、《漢印文字徵》。 ・沙孟海著《攈古錄釋文訂》。 ・馮君木作《湖上雜詩》。 ・丁仁成《全韻畫梅詩》。 ・諸涵生。 ・周昌谷生。 ・「上海藝觀學會「更名「中國藝術學會「，繼續出版《藝觀》第二集。 ・羅振玉輯《貞松堂所見古璽印集》一冊。 ・謝光輯《春草廬藏印》六冊。 ・張政輯自刻印成《寒月齋主印存》二冊。 ・故宮博物院輯《交泰殿寶譜》一冊。 ・李伊桑輯《古璽集存》一冊。 ・丁福保編撰《說文解字詁林》。 ・時人輯《舊京地方官印》一冊。	

年代			中日篆刻略年表		註
西元	日本	中國	日本	中國	
				·陸和九著《中國金石學》正續編兩種。 ·文嵐簃印書局成《建德周氏藏封泥拓影目》一冊。 ·趙古泥輯《拜缶廬印存》四十卷。 ·蘇白生。 ·李禎卒。	
1930	昭和5	民國19（庚午）	·8月9日，三浦香浦（1845～）卒。 ·無聲庵編小堀宗甫私印譜《遠州侯印譜》刊行。 ·高畑翠石編《華石印譜》。 ·河西笛洲著《印石禮記》。 ·山本竟山第七次遊學中國。 ·日本創立「泰東書道院」。	·沙孟海發表《印學概論》與《近三百年的書學》。 ·馬公愚輯自刻印成《馬公愚印譜》一冊。 ·陳巨來輯自刻印成《安持精舍印存》一冊。 ·黃賓虹《古印概論》發表於《東方雜誌》。 ·黃賓虹編成《陶璽文字合証》。 ·韓登安共集《登安印存》四冊。 ·王禔為張魯庵所藏《吳讓之印存》題隸跋。 ·羅福頤編撰《漢印文字徵》、《古璽文字徵》。 ·方介堪荻視《范氏集古印譜》並題記。 ·方介堪為胡公冕篆寫軍印。羅福頤編成《三代秦漢金文著錄表》。	

年代			中日篆刻略年表		註
西元	日本	中國	日本	中國	
				· 張大千輯自刻印成《大千印留》二冊。 · 周鐵衡留學日本。 · 上海會文堂新記書局輯《清代玉璽譜》一冊。 · 神州國光社出版《簠齋古印集》四冊。 · 神州國光社再版《簠齋藏玉印》一冊。 · 上海會文堂新記書局輯《清代玉璽譜》一冊。 · 劉體智輯《善齋璽印錄》十六冊。 · 陸樹基輯《苦鐵刻印》二冊。 · 王獻唐輯《周句耀齋印選》一冊，亦名《東武王氏古印譜》。	
1931	昭和6	民國20（辛未）	· 河井荃廬帶著西川寧等十人赴華遊歷江南書法遺跡，爲最後一次訪中，西川寧則爲初次赴華。 · 藤井物外編《徂徠印譜》。 · 折田六石編《六石盦古印存》。 · 園田湖城編《篆府》。 · 藤井靜堂輯《靄靄庄藏古璽印》二冊。	· 《吳昌碩先生遺作集》出版。 · 林熊光編《磊齋璽印選存》。 · 方介堪《古玉印匯》出版。 · 方約輯何秀峰藏印成《印廬藏印》。 · 韓登安集《登安印存》四冊。 · 吳熊輯《封泥匯編》一冊。 · 錢君匋爲《李息翁臨古法書》作後記。 · 羅福頤編撰《印譜考》四卷。	

年代			中日篆刻略年表		註
西元	日本	中國	日本	中國	
				・葛昌楹輯《吳趙印存》。 ・鄒夢禪輯自刻印成《鄒禪治印》一冊。 ・韓登安到上海拜謁王福庵，討論印學。 ・弘一法師手書《華嚴集聯三百》。 ・《吳昌碩先生遺作集》出版。 ・馬國權生。 ・故宮博物院輯《避暑山莊藏漢銅印》四冊。 ・《清內府藏古玉印》出版。 ・故宮博物院輯《金薤留珍》五冊本出版。 ・鄒振亞生。	
1932	昭和7	民國21（壬申）	・山內敬齋（1888～）卒。 ・折田六石編《六石庵古印存二集》。 ・三村竹清編《續藏書印譜》。 ・中島玉振編《五車樓古印存》。 ・東方書道會編《東方印選初集》。 ・太田夢庵編《楓園集古印譜續集》。 ・新間靜村刻《靜村印譜》。 ・服部耕石著《篆刻字林》。	・吳昌碩墓道在超山落成。 ・馬衡輯自刻印成《瑞廬印稿》三冊。 ・王禔爲韓登安篆題《登安印存》。 ・羅福頤輯《待時軒印存》續集十五冊。 ・韓登安輯成《登安印存》八冊。 ・方介堪編輯《璽印文綜》成稿。 ・王个簃撰《缶廬先生事略》。 ・沙孟海著《與吳公阜書》。	

年代			中日篆刻略年表		註
西元	日本	中國	日本	中國	
			· 楠瀨日年著《篆刻新解》。 · 平凡社刊行《書道全集印譜篇》。 · 山本竟山弟子主辦「山本古稀紀念酒會」於京都洛東「樹之枝」。	· 李健輯自刻印成《惕廬印影》。 · 葉玉森輯自刻印成《頤諼廬水滸姓氏印譜》三冊。 · 楊昭嶲輯陳衡恪，姚華刻印成《陳姚印存》一冊。 · 易忠篆種園集《古印甄初集》四冊成書。 · 王潛樓卒。 · 林乾良生。 · 徐無聞生。 · 周樂生。	
1933	昭和8	民國22（癸酉）	· 1月23日，磯野秋堵（1862～）卒。 · 山田准編三島中洲私印譜《中洲先生印譜》刊行。 · 東方書道會編《東方印選第二集》。 · 前田公私印譜《雄藩史印》刊行。 · 小川浩編《青寶樓古印鑄百印》。 · 木堂會編《木堂遺印》。 · 磯硯秋渚藏印譜《碧雲仙館藏印第二集》刊行。 · 西川寧從豐道海處借得西泠印社《悲庵賸墨》初、二集。 · 東方書道會編《東方印選第二集》。	· 西泠印社作《祭故印人及社友文》。 · 王福庵爲張魯庵所輯《鐘橘中印存》作序。 · 西泠印社中人應邀爲《北平箋譜》治印。 · 傅抱石公派赴日留學。 · 傅抱石輯成《傅抱石所選印稿》。 · 王个簃撰寫《貞逸先生軼事》，追思王昌碩師。 · 黃賓虹著《郘亭印存序》。 · 陳巨來將所借汪關《寶印齋印氏》歸還吳湖帆。 · 陳巨來輯《古印舉式》。	

年代			中日篆刻略年表		註
西元	日本	中國	日本	中國	
				・韓登安集是年所作成《登安印存》九冊。 ・吳湖帆輯《梅景書屋印選》二冊。 ・宣哲等商議爲黃賓虹七十壽涎刻《濱虹記遊畫冊》。 ・羅福頤協助羅振玉輯成《三代吉金文存》。 ・齊白石輯自刻印成《白石印草》十冊。 ・王漢輔輯其父王懿榮藏印成《福山王氏劫余印存》一冊。 ・吳載和輯莫友芝刻印成《亭印存》一冊。 ・朱芳圃編輯《甲古文字編》。 ・強運開編輯《說文古籀三補》二冊。 ・龔綸撰《壽山石譜》一冊。 ・孟昭鴻編輯《漢印文字類纂》。 ・李文奇撰《泠雪庵知見印譜目錄》。 ・王獻唐輯《兩漢印掃》三卷出版。 ・西泠印社舉辦創社三十周年紀念會。 ・費硯卒。 ・趙石（1874～）卒。	

年代			中日篆刻略年表		註
西元	日本	中國	日本	中國	
1934	昭和 9	民國 23（甲戌）	・1 月，山本竟山（1863～）卒。 ・6 月 26 日，內藤湖南（1866～）卒。 ・郡司梅所（1866～）卒。生前刻有《梅所印粹》。 ・木堂會編《竹田遺印譜》、《木堂先生印譜》。 ・古聽泉刻《聽泉印譜》。 ・松浦羊言刻《羊言印譜》。 ・田村市郎編《竹坨印選》。 ・林熊光編《磊齋璽印選存續集》。 ・郡司梅所著《皇朝印史》。 ・西川寧撰〈悲庵的書畫印〉文。 ・日本太田孝太郎編撰《古銅印譜舉隅》四冊四十卷。 ・西川寧購得《趙悲庵詩賸》、《文存》各一冊。 ・太田孝太郎編撰《古銅印譜舉隅》四冊十卷。 ・日本樂淶林氏輯《薑庵集古印》。	・西泠印社輯《現代篆刻》九集。 ・杭州《東南日報》特種副刊《金石書畫》創刊號刊載童大年潤例。 ・韓登安爲《東南日報》特種副刊《金石書畫》第六期題寫報頭。 ・方介堪編輯《介堪印存》一冊，又名《介堪印存第七集》。 ・馬衡爲國立北京大學研究院文史部輯《封泥存眞》作序。 ・韓登安共集《登安印存》七冊。 ・謝光刻臨《張黑女墓誌》書風於印。 ・黃賓虹輯《濱虹草堂藏古璽印》。 ・商承祚輯《契齋古印存》八冊本。 ・黃賓虹編輯《金石書畫叢刊》出版。著《東周金石文字談》。 ・沙孟海著《蔡君五十之頌》。 ・張宗祥著《鑄鼎錄》。 ・王獻唐輯《兩漢印帚》三冊。 ・鄧散木舉辦「糞翁金石書法展覽」	

<table>
<tr><th colspan="3">年　代</th><th colspan="2">中日篆刻略年表</th><th rowspan="2">註</th></tr>
<tr><th>西元</th><th>日本</th><th>中國</th><th>日　本</th><th>中　國</th></tr>
<tr><td></td><td></td><td></td><td></td><td>・天南金石社於廣州成立。
・徐文鏡編撰《古籀匯編》十四卷。
・孫海波《甲骨文編》完成。
・文成郁《書法輯要》刊行。
・李文選輯字刻印成《藏樓印蕳》，一冊，亦名《長樂岱峰閒云篆刻》。
・龐士龍編撰《常熟印人錄》一冊。
・西泠印社出版，名人書畫全集十冊刊行。</td><td></td></tr>
<tr><td>1935</td><td>昭和10</td><td>民國24
（乙亥）</td><td>・2月，平野舞回子（1860～）卒。
・4月，益田石華（1883～）卒。
・6月，中林梧竹遺墨展在府美術館。
・小俣蠖庵刻，久志本博石編《蠖庵印譜》。
・菊池武秀編《容齋印譜》。
・稻葉冰華刻《心經印譜》。
・瀧精一編《和亭先生印譜》。
・西川寧購得《趙悲庵詩剩》、《文存》各一冊。
・西川寧購得觀自齋《二金蝶堂印譜》、《悲庵印存》。</td><td>・傅抱石在日本舉行展覽。
・傅抱石自日回國。
・西泠印社上海書肆再版《現代篆刻》。
・西泠印社上海書肆編印《圖書目錄》。
・葉爲銘爲《金石書畫》第三十六期題報頭。
・《舊都文物略》載文介紹王福庵。
・宣和印社印行謝光作品《謝磊明印存》初、二集二冊。
・宣和印社出版方介堪輯自刻印成《介堪印存第八集》二冊。</td><td></td></tr>
</table>

年代			中日篆刻略年表		註
西元	日本	中國	日本	中國	
				・王福厂爲上海西泠印社書店出版《金石家書畫二集》封面題簽。 ・黃石輯其父黃士陵刻印成《黟山人黃木甫先生印存》四冊。 ・韓登安集《登安印存》七冊。 ・韓登安爲杭州銅印社篆寫印面。繼續集拓金石銘文。 ・諸樂三《希齋印存》出版，江陽曹拙巢撰序。 ・馮康侯爲陳融刻《穎川家寶》。 ・壽璽輯自藏印成《鑄夢廬藏印》一冊。 ・錢瘦鐵輯自刻印成《瘦鐵印存》四冊。 ・錢瘦鐵被日本警方逮捕，後被營救。 ・傅抱石編著《苦瓜和尚年表》在日本發表。著《中國繪畫理論》。發表《論顧愷之至荊浩山水畫史問題》。 ・沙孟海著《字說》等。 ・中國印學社輯《西泠八家印譜》一冊。 ・《正論特刊》出版。 ・容庚《金文續編》由商務印書館刊行。	

年代			中日篆刻略年表		註
西元	日本	中國	日本	中國	
				‧朱鴻達輯趙之琛刻印成《補羅迦室印斑》四冊。 ‧明徐堅《西京職官印錄》出版。 ‧商務印書館出版《篆刻入門》。 ‧西泠印社出版，金石家書畫集續篇八冊刊行。	
1936	昭和 11	民國 25（丙子）	‧11 月，書道博物館開館。 ‧高畑翠石編《楠山印譜》。 ‧瀨尾良一編《金秋先生印譜》。 ‧片岡翠江刻《如竹齋印府》。 ‧山田正平刻《正平陶磁印譜》。 ‧郡司貞教編《梅所遺篆》。 ‧石井雙石著《篆刻指南》。 ‧西川寧撰《趙撝淑的「如願「印及其他》。	‧丁仁錄馮衡《漢袁安碑》碑跋及注釋。 ‧王福庵輯《麋研齋印存》二十冊，輯自刻印《麋研齋印存》四冊。 ‧王福庵撰《說文 ‧部首檢異》、《麋研齋作篆通假》。 ‧張魯庵輯《黃牧甫印存》二冊。 ‧馬公愚爲《宣和印社出品目錄》題簽。 ‧《宣和印社出品目錄》刊出王福庵等十家印樣潤格。 ‧宣和印社出版《胡匊鄰印存》與《吳昌碩印存》一冊、《徐星州印存初集》二冊。 ‧于右任爲經亨頤《頤淵詩集》作序。 ‧中國印學社輯胡震刻印成《胡鼻山印譜》一冊，輯趙之謙刻印成《趙撝叔印譜一冊》。	

年代			中日篆刻略年表		註
西元	日本	中國	日本	中國	
				・壽石工輯《鑄夢廬藏印》四冊。 ・董作賓輯《平廬印存》一冊。 ・山東省立圖書館編印《臨淄封泥文字》十冊。 ・《標準草書範本千字文》編竣。 ・顧廷龍輯《古匋文録》一冊。 ・柯昌泗編《謐齋古官印章目錄》稿本一冊。 ・王冰鐵刻印《王冰鐵印存》五冊重版。 ・洗玉清撰《粵東印譜考》一冊，輯《琅玕館印譜》一卷。 ・王伯沆輯陳衡恪刻印成《染蒼室印存》四冊。 ・錢瘦鐵刻，武田長兵衛編《杏雨書屋藏印》。 ・黃賓虹作《荊溪家塾印譜序》。 ・錢瘦鐵刻日本武田長兵衛編《杏雨書屋藏印》。繼續爲杭州銅印社篆寫印面。繼續集拓金石銘文。輯《六朝造像拓本》一冊。 ・余紹宋爲韓登安所集題《登安集拓金石圖》。	

年代			中日篆刻略年表		註
西元	日本	中國	日本	中國	
				・韓登安是年共集《登安印存》五冊。 ・商承祚重輯《契齋古印存》十冊。 ・方介堪爲經亨頤《頤淵印集》作序。 ・吳熊輯《百名家印譜》。 ・高洛園爲高時顯輯成《方寸鐵齋印存》。 ・沙孟海著《夜雨雷齋印話》等文。 ・傅抱石在南昌舉辦個人書畫展，展出作品百餘件，著《苦瓜和尚年表》。 ・王伯沆輯陳衡洛刻印成《染蒼室印存》四冊。 ・段祺瑞（1865～）卒。	
1937	昭和 12	民國 26（丁丑）	・10 月，舉行小曾根乾堂五十年祭活動。 ・近藤石顛（1857～）卒。 ・小曾根均次郎編《乾堂印譜》。 ・園田湖城編《古璽印印》。 ・安仲廣、土居茂男編《雙神印譜》。 ・服部担風私印譜《醉夫客軒印存》刊行。	・錢瘦鐵受聘爲日本書道叢刊《書苑》顧問。 ・丁仁完成《觀水遊山集》長卷。 ・丁仁編《西泠八家印選》。 ・丁仁作《爲屈沛霖題名人印譜》題詩。 ・王福庵輯《麋研齋印存》二十冊，輯自刻印《麋研齋印存》四冊。	

年代			中日篆刻略年表		註
西元	日本	中國	日　本	中　國	
			・西川寧撰《趙墓與「六月雪「並在雜誌中談到當時趙之謙在日本的時髦風氣》。 ・西川寧回憶河井荃廬與葉銘同訪趙之謙墓。 ・楠瀨日年尋訪趙之謙墓。 ・西川寧編《書道》總70號《趙撝叔集》。 ・在日本京都舉行的「壽蘇會「上與會者得贈長尾甲編《壽蘇集》。 ・太田孝太輯《古銅印譜舉隅》，在日本出版。	・韓登安集《登安印存》四冊。 ・經亨頤六十壽時，門生故舊匯刊成《頤淵篆刻詩書畫集》三冊以祝。 ・張宗祥著《〈論衡〉校勘記》。 ・馬一浮著《太和會語》等。 ・沙孟海著《許愼以前文字學流派考》。 ・傅抱石發表《石濤叢考》等論文多篇。 ・中國印學社輯《吳昌碩印譜全集》。 ・宣和印社出《徐星州印存》五集十冊。 ・郭沫若編撰《殷契粹編》。 ・王獻堂撰成《五鐙精舍印話》一冊。 ・時人輯趙古泥刻印成《古泥印集》二冊。 ・屈沛霖輯自用印成《誦清芬室藏印初集》一冊。 ・王禹襄刻印成《王禹襄先生印存》二冊問世，輯自刻印成《王禹襄印譜》二冊。 ・張果約輯《西北古國印存》一冊，《西本古國印存別集》一冊，《西北古國印押碎錦》。 ・徐銀森生。	

年代			中日篆刻略年表		註
西元	日本	中國	日本	中國	
1938	昭和13	民國27（戊寅）	・11、12月，日滿支親善書道會展。 ・12月25日，桑名鐵城（1864～）卒。 ・園田湖城編《黃龍硯齋周秦古璽》。 ・竹之內春齋編《停雲山房藏印》。 ・長曾我部木人編《木人藏印》。 ・西川寧作爲外務省在外研究員赴北京留學。	・王福庵爲《丁丑劫余印存》刻卷首印，并於扉頁題箴。 ・王福庵續拓《麋研齋印存》續輯本四冊。 ・頓立夫首部印集《頓立夫印稿》出版。 ・韓登安集《登安印存》六冊。 ・鄒夢禪輯自刻印成《夢禪治印集》二冊。 ・李叔同爲許霏《晦廬印存》署簽並題詞。 ・錢君匋等人創辦萬葉書店，創辦《文藝新潮》並任主編。 ・《諸樂三先生畫集》、《希齋題畫詩選》、《希齋詩抄》出版。 ・高絡園輯成印譜五種。 ・陳衡格輯自刻印成《槐堂爪痕》一冊。 ・宣和印譜出版簡經綸刻印《千古樓印識》一冊，《琴齋印留初集》四冊。 ・勞篤文編撰《篆刻學類要》一冊由思宜館出版。 ・張伯英完成《法帖提要》稿本。 ・陳中凡爲黃賓虹《夢村聽泉圖》提識。	

年代			中日篆刻略年表		註
西元	日本	中國	日本	中國	
				・馬瑞圖輯自刻印成《馬萬里印譜》一冊。 ・王獻唐輯《那羅延室行篋印影》一冊。 ・王震（1860～）卒。 ・鄭孝胥（1860～）卒。	
1939	昭和 14	民國 28（己卯）	・11 月，吳昌碩紀念展覽會開幕，河井荃廬爲其企劃。 ・園田湖城影印《懷德堂印存》、《寶印齋印式》刊行。 ・康有爲著，中村不折、井土靈山譯《六朝書道論》出版。（京文社） ・松丸東魚刻《東魚印存》。 ・服部耕石（1875～）卒。	・丁仁、高時敷、葛昌楹、俞人萃等人合輯《丁丑劫余印存》二十卷成書出版。 ・王福庵爲陳漢第輯《伏廬藏印全集》作序。 ・張魯庵輯《魯庵印選》六冊。 ・葉潞淵爲張魯庵輯《退庵印寄》作序。 ・張魯庵輯《金壘印摭》。 ・經亨頤的學生將《頤淵印集》、《頤淵書畫集》、《頤淵詩集》合爲《頤淵篆刻詩書畫集》出版。 ・陳漢第輯成《伏廬考藏璽印》十一冊。 ・韓登安共集《登安印存》六冊。 ・黃賓虹輯《古璽印中之三代圖畫》、《一塵草堂藏古璽印弁言》、《作友作印譜敘》。 ・黃賓虹《自述》載《新北京報》副刊版。	

年代			中日篆刻略年表		註
西元	日本	中國	日本	中國	
				・譚建丞輯自刻印成《建丞印存》一冊。 ・張大千回四川前，繪《松萌高士圖》贈給頓立夫。 ・錢君匋出版《第一年》。 ・商承祚撰《長沙古物聞見記》木版問世。 ・吳湖帆得元代唐棣《雲港捕魚圖》、題自藏沈周《西山紀遊圖卷》，均藏上海博物館。又跋黃公望《富春山殘卷》。作《烟雨樓台》、《溪山蘭若卷》、《米家書意》、《春運煙柳圖》。 ・吳湖帆《梅景書屋畫集》、《梅景書屋詞集》出版。 ・沙孟海著《訓詁廣例》。 ・李叔同著《南山律在家備覽略篇》等書。爲《續護生畫集》題字并作跋。作《弘一法師六秩紀念專刊》由澳門《覺音樂刊》和上海《佛學半月刊》出版。 ・傅抱石編著《中國明末民族藝人傳》出版。並完成《中國美術史～古代篇》、《關於 ・印人黃牧父》二書。	

年代			中日篆刻略年表		註
西元	日本	中國	日本	中國	
				‧陳子奮撰《壽山石小志》一冊。 ‧屈向邦輯易大庵刻印成《誦清芬室藏印二集》一冊。 ‧徐悲鴻輯《悲鴻印集》一冊。	
1940	昭和 15	民國 29（庚辰）	‧11 月 24 日，西園寺陶庵（1849～）卒。 ‧園田湖城編《黃龍硯齋周秦古璽續》。 ‧松丸東魚編《禾魚草堂藏印》。 ‧山口平八藏印《蛾賞堂印賞》刊行。 ‧西川寧回國。	‧羅振玉（1866～）卒。 ‧韓天衡生。 ‧西泠印社輯《伏廬選藏璽印匯存》。 ‧丁仁輯《印海初集》二冊、《印海續集》二冊。 ‧俞人萃輯《茘庵印選》二冊。 ‧韓登安刻《西泠印社勝跡留痕》印譜。 ‧韓登安共集《登安印存》五冊。 ‧黃賓虹輯《濱虹草堂藏古璽印》等。 ‧黃賓虹輯《濱虹草堂藏古印》。 ‧黃賓虹輯《濱虹草堂印存》。 ‧趙叔孺題陳巨來輯《安持精舍印存》首印編款。 ‧傅抱石著《中國篆刻史略》、《木刻之技法》一書出版。 ‧朱屺瞻開始搜集並編輯《忠節扇集》六巨冊，《貳臣扇集》二冊。	

年代			中日篆刻略年表		註
西元	日本	中國	日本	中國	
				・吳湖帆再題自藏沈周《西山紀遊圖卷》，又作《竹石圖》、《玉山並蒂蓮》。 ・沙孟海著《延光四年磚跋》，抄《後漢書紀傳續論》一冊及《辛稼軒壽詞》。 ・韓登安作山水畫《臨奚岡山水冊》。 ・傅抱石發表《晉顧愷之畫云台山記之研究》。 ・錢君匋創辦的《文藝新潮》被日軍停刊。出版《文藝新潮小叢書》。 ・曹汝霖輯自刻印成《曹汝霖印存》一冊。 ・王敦化編《古銅印譜書目》一冊，編輯《印譜知見傳本書目》一冊及《篆刻參考書傳本書目》一冊。 ・朱景源輯陳漢第用印成《伏廬用印》四冊。 ・王季銓、孔達編《明清畫家印鑑》一冊。 ・許霏輯自刻印成《晦廬印存》。 ・龐裁刻印《蘭石軒印草》一冊問世。	
1941	昭和16	民國30（辛巳）	・武川六石編《六石龕古銅印存》。	・錢瘦鐵從日本歸來，任上海美術教授，國畫系主任。	

年代			中日篆刻略年表		註
西元	日本	中國	日　本	中　國	
			・柚木玉村編《玉村所用印》。 ・園田湖城編《平盦藏古官印》。 ・奧村鶴翁編《松菊盦印譜》。 ・島田洗耳刻《般若心經印譜》。 ・篠崎四郎著《大和古印》。 ・松丸東魚刻《東魚印存第二集》。 ・小林斗庵拜河井荃廬爲師。 ・西川寧《支那之書道》由興文社出版。	・趙叔孺篆刻集《二弩精舍印譜》刊行。 ・傅輯《西泠六家印譜》。 ・韓登安在云和經余紹宋引荐收汪開年爲學生。繼續爲《西泠印社胜跡留痕》刻印。共集《登安印存》四冊。 ・李叔同編《律鈔宗要隨講別錄》。 ・黃賓虹《受觶篇》《陽識象形商受觶說》《經綏》《古印文字証》。 ・傅抱石發表《讀周櫟園〈印人傳〉》，完成《石濤上人年譜》。 ・錢君匋主編的《第二年》出版。 ・于右任創辦《草書月刊》。計出四期。 ・童雪鴻輯自刻印成《雪鴻印存》五集。 ・龐士龍輯自刻印成《云庵刻印》一冊，輯《趙古泥印存》四冊，編撰《云齋舊藏善本印譜目憶錄》五卷。 ・易大庵卒，生前尙輯自刻印成《玦亭印譜》。 ・瞿熙邦、龐士龍編輯《鐵琴銅劍樓藏善本印譜目》一卷。	

年代			中日篆刻略年表		註
西元	日本	中國	日本	中國	
				・蔡守卒，生前輯有《畫璽錄》、《繆篆分韻》、《印雅》。 ・武鍾臨刻「五百本畫梅精舍」。	
1942	昭和17	民國31（壬午）	・4月1日，長尾甲（1864～）卒。 ・11月，河井荃廬首倡、井上恒一等主辦《趙之謙歿後六十年紀念遺作展》。 ・長思印會編《雕蟲窟印蛻》。 ・三省堂刊行《完白山人篆偶存影印》。 ・清雅堂刊行《削瓢廬印存影印》。 ・日本青山杉雨拜西川寧爲師。 ・長尾甲第三子長尾尚正編輯兼發行《無悶室手澤》。	・張魯庵刻《魯庵仿完白山人印譜》上下冊，成書七十部。 ・韓登安繼續爲《西泠印社勝跡留痕》刻印。 ・韓登安成《登安印存》一冊。 ・朱屺瞻收齊白石鐫印六十餘方，作《六十白石印軒圖卷》，自號「六十白石富翁」。 ・錢君匋輯《錢君匋篆刻選》由萬葉書店出版。 ・沙孟海作《答童次布書》。 ・沙孟海作《與丁山書》。 ・張宗祥輯《熙寧字說》。 ・黃賓虹輯《金石學稿》。 ・諸樂三作《枯木寒鴉圖》。 ・趙叔孺率門人舉行「第一屆趙氏同門金石書畫展」。 ・倪玉書輯《秦漢玉印圖錄》。	

年代			中日篆刻略年表		註
西元	日本	中國	日本	中國	
				‧潘詒曾卒，生前輯有《藪古廬印品》、《省庵印譜》、《借花室印存》。 ‧李叔同卒。	
1943	昭和18	民國32（癸未）	‧1月14日，藤井靜堂（1873～）卒。 ‧6月6日，中村不折（1866～）卒。 ‧小野則秋著《日本藏書印考》。	‧丁仁爲葛昌楹、胡佐卿編輯《明清名人刻印匯存》題詩。 ‧葛昌楹輯《吳趙印存》重輯本六冊。 ‧王福庵輯自刻印成《麋研齋印存》重輯本四冊。 ‧王福庵輯早年印稿成《羅剎江民印稿》。 ‧吳朴厚輯《麋研齋印重輯本》。 ‧秦康祥輯《松窗遺印》《褚德彝刻印》二冊。 ‧陳錫鈞題《吳政聰爲母親葉三娘舍塔磚記》。 ‧沙孟海著《桂林重刻石曼卿題名跋》等文。 ‧沙孟海得贈易忠箓所作題古玉拓本詞《玲瓏四犯》。 ‧余任天在龍泉購《聽天閣詩存》。 ‧沈子善、沈尹默、潘伯鷹等人在重慶中央圖書館內成立「中國書學研究會」，創辦《書學》雜誌。	

年代			中日篆刻略年表		註
西元	日本	中國	日本	中國	
				・張宗祥著《讀書禮記》四卷、《本草簡要方》八卷。作《論畫絕句》跋文。 ・吳湖帆題惲壽平《雪松漁隱圖》。 ・吳湖帆作《倩庵自壽圖》。 ・徐悲鴻在重慶中央圖書館舉辦個人書畫展。又與張紅薇、鄭曼青舉辦書畫聯展。鄧散木輯自刻印成《廁簡樓印存》四冊、《高士傳印譜》四冊。 ・齊白石撰《自跋印章》短文，有「不爲摹、作、削三字所害」之語。 ・李健《金石篆刻研究》由中國聯合出版公司出版，186頁，有圖32開。 ・高秋月輯《巴社印選》一冊。 ・陳運彰輯易大廠刻印成《証常印藏》四冊。	
1944	昭和19	民國33（甲申）		・葛書徵、胡淦輯《明清名人刻印匯存》12卷。 ・高野侯爲葛昌楹、胡淦合輯《明清名人刻印匯存》作序。 ・童大年輯自刻印成《童子雕琢》四冊。	

年代			中日篆刻略年表		註
西元	日本	中國	日本	中國	
				・王福庵爲《明清名人刻印精品匯存》刻卷首印並題簽。 ・葛書徵輯《鄧印存眞》二冊。 ・張魯庵輯何震刻印成《何雪漁印存》二冊、《秦漢小私印選》二冊並出版。 ・張魯哀收藏《顧氏集古印譜》並作記文。 ・吳朴堂摹輯《小匯存》二冊。 ・馬衡發表《談刻印》。 ・高時敷輯《樂只室古璽印存》十一冊。 ・陳漢第、陳敬第、孫智敏等爲汪開年《西泠印社圖》題圖。 ・韓登安輯《登安印存》一冊。 ・潘天壽在磐溪編著教材《治印叢談》。 ・來楚生輯自刻印成《楚生印稿》。 ・錢君匋輯自刻印成《錢君匋印存》二冊。 ・黃賓虹著《方雨樓輯集古印譜敘言》、《題金禹民印存》。 ・錢君匋整理《缶廬詩翰》。 ・樓村繪《西湖圖卷》題詩。	

年代			中日篆刻略年表		註
西元	日本	中國	日本	中國	
				・馬衡著《我教你寫字》。 ・潘天壽《聽天閣詩存》結集出版。 ・張宗祥輯《楊子》一卷，抄正《董子》十七卷。 ・趙叔孺門人舉行「第二屆趙氏同門金石書畫展「。 ・金毓黻《東北古印鈎沈》一冊。 ・黃伯川輯《衡齋藏印續集》十四冊。	
1945	昭和 20	民國 34（乙酉）	・2 月，橋本關雪（1882～）卒。 ・3 月，東京遭空襲，河井荃廬（1871～）卒，所藏一百二十餘件趙之謙名品全燒。 ・三井聽冰（1866～）卒。 ・新間靜村（1896～）卒。 ・三村竹清編《新選古鑄百印》、《高芙蓉先生篆印》。	・《西湖古今名勝楹聯大觀》出版，內收西泠印社楹聯。 ・丁仁幫助宣和印社出版《古今名人印譜》。 ・韓登安共集《登安印存》二冊。 ・高式熊輯自刻印成《篆刻存景》一冊。 ・張宗祥著《巴山夜雨錄》、《入川草》。 ・傅抱石參加民主運動，在中國文學藝術界對時局宣言上簽名。作《大滌草堂》《瀟瀟暮雨》《金剛坡麓》《虛溪之關》等。 ・《梅景書屋師生父子第一屆書畫展全集》出版，共收作品 22 幅。	・日本宣布無條件投降。

年代			中日篆刻略年表		註
西元	日本	中國	日本	中國	
				・沙孟海撰《與馮都良書》、《沙宜州事輯》（均編入《沙孟海論書文集》）、《自本譜》《家譜通例》等。 ・龍淵印社於浙江龍泉成立。 ・龍淵印社發行《龍淵印社月刊》創刊號。 ・李尹桑卒，生前輯自刻印成《大同石佛龕印存》。 ・張君謀輯《安心室集印》三冊。 ・趙時棡（1874～）卒。	
1946	昭和21	民國35（丙戌）	・高田竹山（1861～）卒。	・西泠印社重修。	
1947	昭和22	民國36（丁亥）	・西川寧編河井荃廬《繼述堂印存》。 ・河井荃廬三回祭在日本東京芝增上寺舉行。	・9月9日，補辦印社創立四十周年紀念會。 ・錢瘦鐵以中國駐日本代表文化秘書身分，第三次赴日本，並且舉行書展。 ・韓登安輯《歲華集印譜》。 ・韓登安輯《登安印存》六冊。 ・來楚生印譜《然犀室印存》。 ・諸樂二墨筆鈎摹《缶廬印存》第一冊完成。	
1948	昭和23	民國37	・梅舒適在日本創立「篆社」。	・傅抱石出版《石濤上人年譜》。	

年代			中日篆刻略年表		註
西元	日本	中國	日本	中國	
		（戊子）		・魏樂唐輯自刻印成《樂唐印存》。 ・喬大壯卒。 ・葉爲銘（1867～）卒。	
1949	昭和 23	民國 38（己丑）	・日本舉行吳昌碩祭典。 ・日本日下部家賣出日下部鳴鶴舊藏雅印三百餘顆。	・秦康祥輯《古笏齋印譜》一冊。 ・徐良輯《樂易榭印譜》二冊。 ・韓登安集《登安印存》二冊。 ・方去疾輯自刻印成《去疾印稿》一冊。 ・來楚生的肖形印專集《然犀室肖形印存》刊行。 ・鄧散木爲來楚生《然犀室肖形印存》題贊。 ・黃文寬輯《南越瓦印佚存》一冊。 ・陳漢第卒。 ・余紹宋卒。 ・丁仁（1879～）卒。	
1954	昭和 29	民國 43（甲午）	・趙之謙遺作展在日本東京國立博物館舉辦。		
1956	昭和 31	民國 45（丙申）	・12 月，《荃廬印譜上、下冊》出版。		
1957	昭和 32	民國 46（丁酉）	・12 月，《荃廬印譜續集》出版。	・齊白石（1863～）卒。	
1960	昭和 35	民國 49（庚子）	・北村春步（1889～）卒。	・王禔（1880～）卒。	

年代			中日篆刻略年表		註
西元	日本	中國	日本	中國	
1961	昭和 36	民國 50 （辛丑）	・《繼述堂印存》出版。		
1963	昭和 38	民國 52 （癸卯）		・鄧散木（1898～）卒。	
1967	昭和 42	民國 56 （丁未）		・錢瘦鐵（1897～）卒。	
1973	昭和 48	民國 62 （癸丑）	・4 月，《再續荃廬印譜》出版。		

附錄二：日本印人流派別一覽

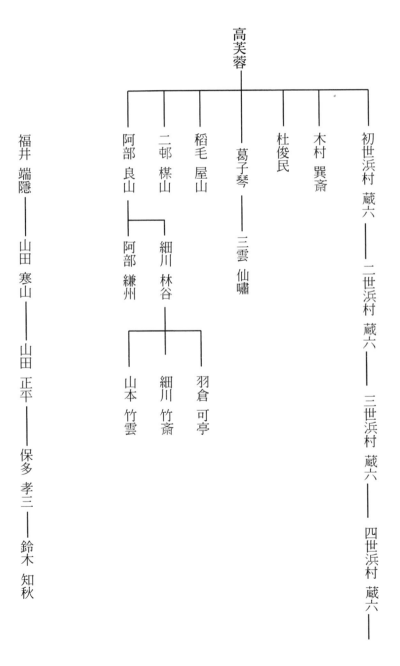

- 高芙蓉
  - 初世浜村 蔵六
    - 二世浜村 蔵六
      - 三世浜村 蔵六
        - 四世浜村 蔵六
  - 木村 巽斎
  - 杜俊民
  - 葛子琴
    - 三雲 仙嘯
  - 稲毛 屋山
  - 二郁 楳山
  - 阿部 良山
    - 阿部 縑州
    - 細川 林谷
      - 羽倉 可亭
      - 細川 竹斎
      - 山本 竹雲

- 福井 端隠
  - 山田 寒山
    - 山田 正平
      - 保多 孝三
        - 鈴木 知秋

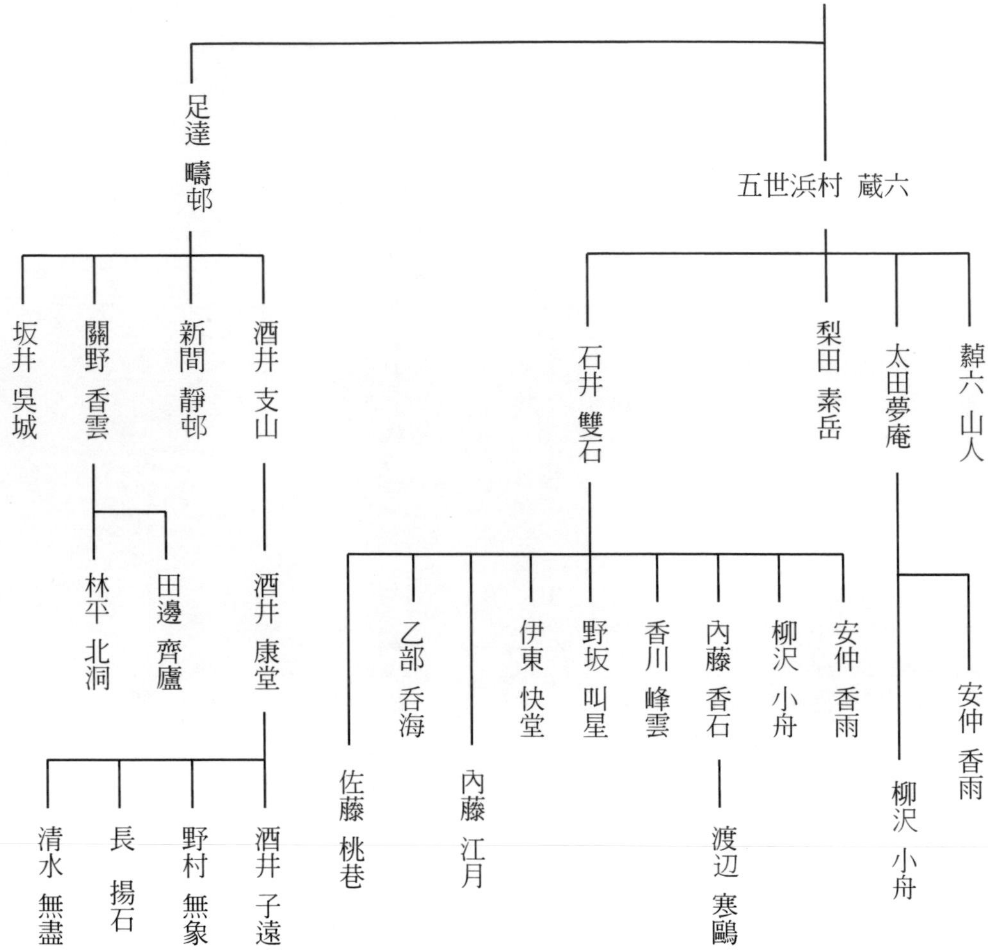
五世浜村 蔵六
足達 疇邨
坂井 呉城
關野 香雲
新間 静邨
酒井 支山
石井 雙石
梨田 素岳
太田夢庵
韓六 山人
林平 北洞
田邊 齊廬
酒井 康堂
佐藤 桃巷
乙部 呑海
内藤 江月
伊東 快堂
野坂 叫星
香川 峰雲
内藤 香石
柳沢 小舟
安仲 香雨
安仲 香雨
柳沢 小舟
清水 無盡
長 揚石
野村 無象
酒井 子遠
渡辺 寒鷗

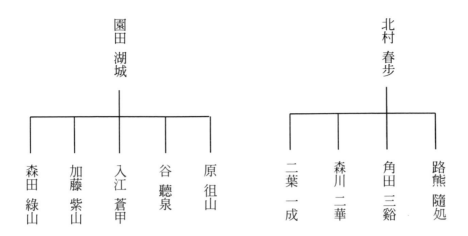

- 園田湖城
  - 森田綠山
  - 加藤紫山
  - 入江蒼甲
  - 谷聽泉
  - 原徂山

- 北村春步
  - 二葉一成
  - 森川二華
  - 角田三谿
  - 路熊隨処

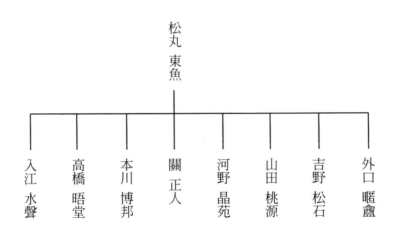

- 松丸東魚
  - 入江水聲
  - 高橋晤堂
  - 本川博邦
  - 關正人
  - 河野晶苑
  - 山田桃源
  - 吉野松石
  - 外口暱盦

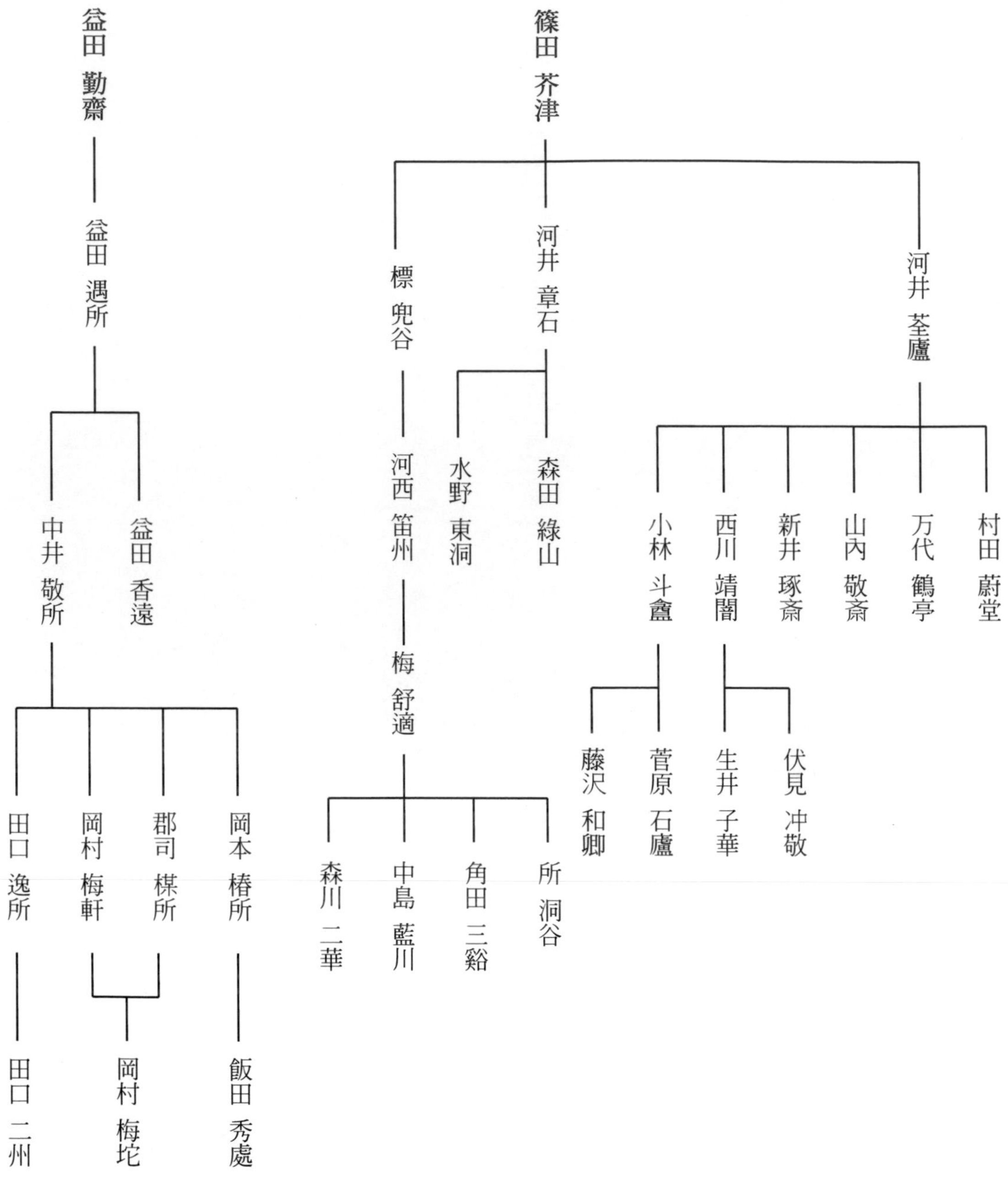
篠田 芥津
標 兜谷
河西 笛州
梅 舒適
森川 二華
中島 藍川
角田 三谿
所 洞谷
河井 章石
水野 東洞
森田 綠山
河井 荃廬
小林 斗盦
藤沢 和卿
菅原 石廬
西川 靖闇
生井 子華
伏見 冲敬
新井 琢斎
山內 敬斎
万代 鶴亭
村田 蔚堂
益田 勤齋
益田 遇所
中井 敬所
田口 逸所
田口 二州
岡村 梅軒
郡司 楳所
岡村 梅坨
岡本 椿所
飯田 秀處
益田 香遠

- 益田 勤齋
  - 初世中村蘭台
    - 二世中村蘭台
      - 中村 淳
      - 殿木 春洋
      - 古川 悟
    - 石川 蘭八
    - 松浦 羊言
  - 蘆野 楠山
    - 大九保翠洞
    - 吉野 松石
  - 蘆野 楠山
    - 高畑 翠石

- 大城 石農
  - 小曾根乾堂

- 徐三庚
  - 圓 山大迂

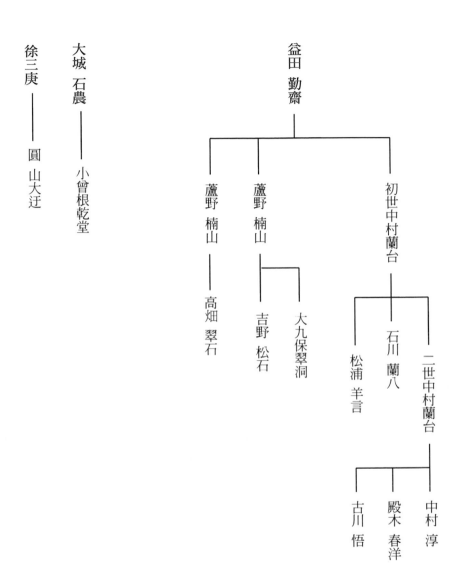

附錄三：楊守敬年表

西元	中國紀年	年　齡	大事表
1839	清宣宗道光十九年，己亥。	一歲	・四月十五日丑時，楊守敬生，字惺吾，別署鄰蘇老人，湖北宜都人。
1840	道光二十年，庚子。	二歲	・九月一日丑時，楊守敬弟生。
1841	道光二十一年，辛丑。	三歲	
1842	道光二十二年，壬寅。	四歲	・十月十二日，父卒。
1843	道光二十三年，癸卯。	五歲	
1844	道光二十四年，甲辰。	六歲	・母教以識字讀書。
1845	道光二十五年，乙巳。	七歲	・與弟同在家中念書。
1846	道光二十六年，丙午。	八歲	・始與弟先三從覃先生讀書。
1847	道光二十七年，丁未。	九歲	・初學作文。
1848	道光二十八年，戊申。	十歲	
1849	道光二十九年，己酉。	十一歲	・奉祖父之命，輟讀，在家中習商，但楊守敬仍努力不懈，自己訟書學文不輟。
1850	道光三十年，庚戌。	十二歲	
1851	文宗咸豐元年，辛亥。	十三歲	・洪秀全入永安州，建號太平天國。太平軍旋陷宜昌，先生隨祖母避亂至長陽李氏家。
1852	咸豐二年，壬子。	十四歲	・從朱鳳池師讀，楊守敬不喜時藝，而嗜諸名家文。旋應縣考，終覆第十三名。

西元	中國紀年	年　齡	大事表
1853	咸豐三年，癸丑。	十五歲	‧仍在家讀書。
1854	咸豐四年，甲寅。	十六歲	‧開府試，祖父未允赴考。
1855	咸豐五年，乙卯。	十七歲	‧與李宗允之女結婚。
1856	咸豐六年，丙辰。	十八歲	‧八月院試，學使馮展雲，頗重字學，楊守敬三試皆不售，旋悟爲書法草率，非文不逮也。
1857	咸豐七年，丁巳。	十九歲	‧從朱槐卿師讀，恆夜半命題，口占半篇始眠。以朱師文習速成，故楊守敬連捷府試，五場皆第一名，十月院試，入學，仍馮學使也。 ‧是年始從譚力臣獲聞汪庸甫緒論。
1858	咸豐八年，戊午。	二十歲	‧秋應鄉試，不售。 ‧是年交孫玉堂，因假鄭譜香之六嚴輿地圖，各影繪之，是爲先生治地理學之始。
1859	咸豐九年，己未。	二十一歲	‧又開恩科鄉試，楊守敬入場仍不中。 ‧長子道承生。
1860	咸豐十年，庚申。	二十二歲	‧歲試一等，同人深忌楊守敬才。
1861	咸豐十一年，辛酉。	二十三歲	‧是年試拔貢，楊守敬以忌者造謠，遂不赴考。
1862	穆宗同治元年，壬戌。	二十四歲	‧正月，次子德承生。 ‧設館授讀。 ‧秋，應試第八十名舉人。 ‧冬，入京會試，途遇陳一山，傾蓋如舊相識。
1863	同治二年，癸亥。	二十五歲	‧正月抵京，因一山而獲識潘孺初鄧鐵香兩公，聞其諸論，智識日開。由是亦漸知名。 ‧楊氏在京，頗有志於地理學，潘孺初鄧鐵香實從恿之。 ‧會試報罷，購得未見書盈軍，載以南歸。
1864	同治三年，甲子。	二十六歲	‧冬，從鄭譜香貸旅費百金，入都會試，以其半與先三償債，楊守敬獨與友人

西元	中國紀年	年　齡	大事表
			彭雲峰同行，過新野縣，夜大風雪，雲峰以拾落帽墜河邊，而車已前行，楊守敬募人回頭覓救之。
1865	同治四年，乙丑。	二十七歲	・正月抵都，寓荊州會館，是時張香濤爲翰林，提倡風雅，大會天下名流於城南陶然亭，楊守敬與陳一山名與焉，楊氏以迹近標榜，不赴。 ・三月，薦而不售。
1866	同治五年，丙寅。	二十八歲	・景山官學教習期滿引見，以教職用。
1867	同治六年，丁卯。	二十九歲	・是年以湖南友人之薦，赴山西高平縣，爲知縣龍皓臣教其子讀書。未數月，因捻軍亂作，回京。 ・三月，陳蘭甫以魏默深禹貢說稿付方子箴刻之，子箴又刻楊掌生禹貢新圖說。
1868	同治七年，戊辰。	三十歲	・三月會試，仍薦而不售。黃雲鵠、范鶴生見楊守敬文，歎爲高絕。考官蔣彬蔚力薦不得，以古作者許之，並先訪守敬，於新進士之來謁者皆辭以異日，而於先生答拜，獨留飯，視爲文字友，且出所藏金石文字使品隲焉。雲鵠則每挾守敬卷，到處游揚，孫萊山尤爲激賞。 ・是年仍寓鐵香家，常與孺初相往還。 ・祖父病逝，返家親營喪葬事。
1869	同治八年，己巳。	三十一歲	・是年家居授讀。 ・是時除碑版外，兼治經史，爲論語事實錄成，刻之，是爲楊守敬著述面世之始。間有小學記錄，今不存。
1870	同治九年，庚午。	三十二歲	・在外舅家授讀。
1871	同治十年，辛未。	三十三歲	・二月至都，仍寓鄧鐵香家。三月會試，薦而不售。房師于中丞次棠深惜先生才，請留京就其家館，先生辭之而歸。 ・楊氏在都，搜求漢魏六朝金石文字略備，獨缺東魏鷹無忌修太公廟碑。

西元	中國紀年	年　齡	大事表
1872	同治十一年，壬申。	三十四歲	・復在家授讀，是年始謀刻望堂金石。
1873	同治十二年，癸酉。	三十五歲	・在家授讀，冬，復入都會試，仍寓鐵香家。
1874	同治十三年，甲戌。	三十六歲	・會試又報罷，循諸友之勸，暫留都中。 ・從潘孺初借八百金，託同邑張雲陔營販磨菇，竟被虧達，款無所歸，楊守敬深不自安。
1875	德宗光緒元年，乙亥。	三十七歲	・七月南歸，以大埔何子峨之介，經天津鬻書，頗有所得。旋由海道至上海。在滬遇仁和龔孝恭，深佩先生金石傳，選購所攜碑版，且任供食宿之資焉。 ・祖母病逝，歸鄉。
1876	光緒二年，丙子。	三十八歲	・在家營紙行，楊氏自爲經理。 ・東湖饒季音招先生至其家，同撰歷代輿地沿革險要圖。 ・是年陸續刻望堂金石。
1877	光緒三年，丁丑。	三十九歲	・仍在家開紙行。 ・時望江倪豹臣爲荊州知府，續修府志，延先生爲編纂。 ・輯楷法溯源成，得諸友資助，因付刊焉。
1878	光緒四年，戊寅。	四十歲	・楷法溯源刻成，楊守敬乃攜板至武昌爲賣書計。納龔氏妾。
1879	光緒五年，己卯。	四十一歲	・在武昌因石君子韓吹噓，賣書亦頗得利。 ・倪豹臣太守，以其叔祖模所撰古今錢略稿託楊氏使刻之。 ・時山西巡撫曾沅甫中丞開書局，聘楊氏爲總辦。九月入都，暫依潘孺初以居，擬轉赴山西，旋與來京之山西冀寧道王鼎丞意見不合，遵孺初勸，不果行。在京資用，孺初悉任之。 ・十月二十五日，以所拓漢熹平石經六紙，贈友人李蒓客。

西元	中國紀年	年　齡	大事表
			・平碑記兩卷、平帖記一卷成。 ・出使日本大臣何子峩欽使書，招其渡海爲隨員，楊氏覆信，允明年會試後赴之。
1880	光緒六年，庚辰。	四十二歲	・集帖目錄十六卷成。 ・三月，會試仍報罷。 ・四月，東渡日本。 ・十一月，弟先三病故。
1881	光緒七年，辛巳。	四十三歲	・在日本。 ・嘉應黃公度方任使館參贊，告以中土珍本古籍，唐抄宋刻，時復邂逅相遇，勸其留意搜輯，楊守敬因有日本訪書之舉。 ・楊希閔水經注匯校四十卷，附錄兩卷，在福州刊行。
1882	光緒八年，壬午。	四十四歲	・在日本。 ・石印初輯寰宇貞石圖成。
1883	光緒九年，癸未。	四十五歲	・在日本。 ・在日本經營刻書一事。
1884	光緒十年，甲申。	四十六歲	・古逸叢書刻成。 ・五月，東載所得古籍歸國，日友岡千仞及書估王惜齋同行，由上海到蘇州。
1885	光緒十一年，乙酉。	四十七歲	・在黃岡教諭任。 ・刻魏默深詩古微九卷。
1886	光緒十二年，丙戌。	四十八歲	・在黃岡教諭任。 ・二月，又入都應試，不中。 ・四月，即歸，乃與഼芝同起草爲隋書地理志考證。自是始絕意科名，專心著述。
1887	光緒十三年，丁亥。	四十九歲	・在黃岡教諭任。 ・഼芝以其親老，決意辭歸，楊守敬乃以隋志初稿別寫一分付之，而自檢各地志編入。

西元	中國紀年	年　齡	大事表
1888	光緒十四年，戊子。	五十歲	・董沛孟編刊全氏七校水經注四十卷，補遺一卷，附錄二卷。
1889	光緒十五年，己丑。	五十一歲	・在黃岡教諭任。 ・與丁楝臣起草爲漢地圖未成。 ・又增訂隋志稿。
1890	光緒十六年，庚寅。	五十二歲	・在黃岡教諭任。 ・嵩芝以隋志稿來，與楊守敬稿多異同，乃參互爲第二次稿。
1891	光緒十七年，辛卯。	五十三歲	・由黃岡教諭轉黃州府儒學教授。 ・補嚴鐵橋古文存二十卷成。
1892	光緒十八年，壬辰。	五十四歲	・在黃州府學任教授。 ・又校隋志爲第三次稿。 ・初刻鄰蘇園帖。 ・王先謙合校水經注四十卷刊於長沙。
1893	光緒十九年，癸巳。	五十五歲	・在黃州府學任教授。 ・續刻鄰蘇園帖。 ・買黃岡庹家湖田。 ・嫁三女蓮貞。孫先橘生，三子出。
1894	光緒二十年，甲午。	五十六歲	・在黃州府學任教授。 ・始以隋志寫淨本付梓人。
1895	光緒二十一年，乙未。	五十七歲	・在黃州府學任教授。 ・七月，母病逝。 ・八月，楊守敬歸宜都卜葬地。 ・十一月，返黃岡，經沙市，故舊多求先生書，乃留一月，頗得扶柩葬母資。 ・隋志刻成。
1896	光緒二十二年，丙申。	五十八歲	・在黃州府學任教授。 ・六月，返宜都。 ・九月，赴黃岡扶柩。 ・十月，營葬畢。
1897	光緒二十三年，丁酉。	五十九歲	・在黃州府學任教授。 ・春，自宜都出上海，寓友人陳雁初之源盛棧，以雁初之介，賣字頗有所獲。

西元	中國紀年	年　齡	大事表
			‧二月，長子道承以病卒於宜都，年三十九。 ‧此行除賣字外，又得歸安陸氏羣書校補。 ‧六月，歸黃州鄰蘇園。
1898	光緒二十四年，戊戌。	六十歲	‧在黃州府學任教授。 ‧買宜都橫溪屋田。 ‧八月，三子蔚光入學。 ‧刪補隋書地裡志考證成。
1899	光緒二十五年，己亥。	六十一歲	‧正月，修屋方畢，湖廣總督張香濤電邀楊守敬，任兩湖書院教習。 ‧二月，赴武昌就館，主講地裡一門。
1900	光緒二十六年，庚子。	六十二歲	‧仍就武昌兩湖書院館。 ‧致書熊固芝，屬其來省襄校，及就草為各地理書，自是固芝每年來省襄助，刻漢書地理志補校及晦明軒稿成。 ‧是年為柯中丞巽庵刻大觀本草。 ‧二月校刻宋槧黃山谷內外集成。 ‧先生敝精力為水經注疏。
1901	光緒二十七年，辛丑。	六十三歲	‧仍就武昌兩湖書院館。 ‧妻，病逝。 ‧刻日本訪書志成。
1902	光緒二十八年，壬寅。	六十四歲	‧在武昌勤成任學堂總教長。 ‧冬，刻大觀本草成。 ‧叢書舉要二十卷寫成特刊。
1903	光緒二十九年，癸卯。	六十五歲	‧在武昌勤成任學堂總教長。 ‧於菊灣起書樓。 ‧刻壬癸金石跋成。
1904	光緒三十年，甲辰。	六十六歲	‧在武昌勤成任學堂總教長。 ‧水經注疏稿成。 ‧三月，楊守敬自黃州赴武昌，舟中與左全孝論禹分二渠以引河水事。 ‧刻前漢地圖成。

西元	中國紀年	年　齡	大事表
			・刻古泉藪十六冊。 ・龐鴻書讀水經注小識四卷石印出版。
1905	光緒三十一年，乙巳。	六十七歲	・在武昌勤成任學堂總教長。 ・正月，寫定集帖目錄。 ・刻水經注圖成。 ・刻水經注疏要刪成。 ・覆校古詩輯存。
1906	光緒三十二年，丙午。	六十八歲	・在武昌勤成任學堂總教長。 ・三月，兩江總督端午橋召楊氏至金陵署中，題跋其所藏金石碑版。 ・四月，至上海。 ・五月，歸家，選授安徽霍山縣知縣。 ・刻禹貢本義成。 ・重訂歷代輿地沿革險要圖刻成。 ・刻春秋地圖成。
1907	光緒三十三年，丁未。	六十九歲	・七月，改勤成學堂爲存古學堂，楊氏與順德馬季立仍任總教。 ・任禮部侍郎顧問。 ・刻三國郡縣表補正，及三國地圖成。 ・摹刻北周匡喆刻經頌雙鈎本十二卷，及泰山石經峪刻字六卷成。
1908	光緒三十四年，戊甲。	七十歲	・辭存古學堂總教長職務，仍以香濤薦挽，改用譯書名目支薪。 ・輯漢書二十四家遺注成。 ・作湖北江漢水利議。
1909	遜帝宣統元年，己酉。	七十一歲	・居武昌。 ・摘錄楊守敬金石跋文數篇，以見其考鑑卓識一斑。 ・刻水經注疏要刪補遺及續補成。 ・石刻續輯寰宇貞石圖成。 ・刻戰國、琴、續漢、西晉、東晉、劉宋、蕭齊、隋各地圖成。 ・鉤刻遼東鳳凰城所出高麗好大王碑成。

西元	中國紀年	年　齡	大事表
1910	宣統二年，庚戌	七十二歲	・居武昌，是年又開通志局，以楊氏任纂校。 ・刻北魏西魏地圖成，並就兩史書各補札記一冊。 ・輯古地志三十卷，未寫定。 ・補漢書古今人表粗成。 ・刻望堂金石二集成。 ・三續寰宇訪碑錄十六卷成，已寫定未付刊。 ・刻明地圖成。 ・四月，買得舊材，改作芝麻嶺鋪屋，八月成。 ・自光緒三十三年至本年，又積存金石題跋多篇，因刻丁戊金石跋己庚金石跋次第成。
1911	宣統三年，辛亥	七十三歲	・居武昌。 ・八月十九日，武昌民軍舉義，於二十二日乘輪船赴上海。 ・九月初，有日人水野疎梅來，願授業爲弟子。 ・九月初八，長媳病歿。 ・十月，楊氏應水野疎梅之請，作書邇言，其後水野疎梅歸日，楊氏以草稿付之。 ・十一月，楊守敬又應水野疎梅之請，簡述生平事略，爲鄰蘇老人年譜。 ・刻十六國，及梁、陳、北齊、北周、唐、五代、宋、遼、金、元各地圖次第成。
1912	中國民國元年，壬子。	七十四歲	・寓上海。 ・楊守敬因水經注疏以成書，尚代校定，須參考各書，囑家人歸武昌取稿，並將所藏圖籍一切運滬。 ・各界人知楊守敬在滬，求書者絡繹不絕，又或持古書碑版請鑑定，兼乞作跋，日本人尤夥。

西元	中國紀年	年　齡	大事表
1913	中國民國二年，癸丑。	七十五歲	・寓滬，仍督崮芝覆訂水經注疏，昕夕不輟。 ・九月，甘翰臣曰楊氏遊西湖。 ・與三女蓮貞書，略言故鄉及寓滬生計狀況。
1914	中國民國三年，甲寅。	七十六歲	・大總統袁世凱，聘爲顧問，楊氏力辭不獲。 ・是年叢書舉要刊成。
1915	中國民國四年，乙卯。	七十七歲	・元月九日，無疾而逝。